府城的過往與記憶

行走的台南史

蘇峯楠

文、攝影

成爲進階班旅人，不能沒有這本書

國立成功大學歷史學系副教授　謝仕淵

峯楠是土生土長的台南人，在台南讀書，現在也在台南工作，期間到了天龍國取經，讀了幾年書，但最終還是回到台南，任職在國立台灣歷史博物館。長時間的台南生活經驗，在學院中受到嚴格的學術訓練，博物館工作則能夠廣泛接觸不同材料，他所經歷的一切，都好像是催生這本書的必要過程。

台南的黏性與它地不同，這是時間造就的條件，讓人在生活中，感覺被歷史、文化緊緊包覆。於是，《行走的台南史：府城的過往與記憶》一書中，一條巷、一片牆、一座樓、一朵花、一碗麵，關於一切在台南生活可尋獲的種種，都是你我在台南日常行走也會看見的所有，不須借助像是文化資產、無形文化等學術框架，所架構出來的知識系統。

所有的日常都像是具有了招喚時間的魔力，可以在虱目魚中找到與鄭成功的對話，一片牆的存廢、城市天際線描繪著城市的過往與現在。新港文書、白話字與美國學校，甚至連得堂煎餅包裝上的英文字，將這些原本無涉的故事，組織成一段外來文化與本地社會的互動歷程。或者在那些佇立在街頭的雕像上，看見各種不同權力象徵，如何競奪城市公共空間。

這也是本扭轉觀看主體的城市史書寫，峯楠的書寫，不需要刻意強調恢弘的府城格局，也無意對近代都市計畫的現代性布署，進行批判或者讚揚。峯楠從台南人的角度出發，不需要經由私藏或獨家的故事，因爲書中所有分享，全都存在於我們可見的市街之中，對於像我這樣的新台南人而言，也能輕易的進入書中所鋪陳的所有故事裡。

以上的故事，都是生活於台南，細微甚至不常被察覺的點滴。但，無疑地，那是因爲生活於台南的峯楠，對生活有很深的感知，對歷史研究有充分讀解後，再用一種日常的眼睛，帶我們看見的台南。峯楠是很能在生活中，汲取歷史研究養分的研究者，他對生活所緊繫的文化與歷史有相當敏銳的識讀。筆者這幾年的台南飲食書寫也採取類似的取徑，我們不再無條件視歷史文獻爲不能討論的經典，更不會用讓這些白紙黑字成爲框限歷史想像的文本，而是從多元的角度、生活的情境中，理解我們如何因著時間所給予的條件而開展與人的互動。

我自己很喜歡也經常倡議採取類似的角度，認識我們生長的環境與自身的歷史，因爲關於歷史的理解與認識，我們正經歷一場轉型的過程，但我們都知道不能用另一個國族神話取代前一個國族神話、用另一個偉人取代前一個偉人。我們試圖要做的可能是讓自己成爲認識歷史的行動者，去經歷一場對自己有意義的認識歷史的途徑，可能是更重要的事。

在這段歷程中，接近歷史認識文化的形式不一，更不限定媒材，一場旅行也能是培力自身成爲歷史認識行動者的過程。從這個角度來看，這本書可說是體現考現學精神的台南讀本，從細微的線索中，在行走中閱讀台南，這是堪比爲高級班的府城文化導覽課程，若是讀者想要成爲進階班的台南旅人，不能沒有這本書。

目錄

赤崁街

府城是一座充滿故事的城市。歷史在這裡層層疊疊，釀了數百年，每滴結晶都醞化爲悠久的故事，成爲這座城市的生長養分。所以，在這裡隨便走一條路、吃一碗羹、拂一襲風，都會不小心跟某些故事擦身。

如果要在城裡找一個故事的起點，民權路是滿適合的。從尼德蘭——現在大家俗稱荷蘭——聯合東印度公司管理的普羅岷西亞市街，到大清國統治下的府城大街，再到大日本帝國統治下的本町通，直到現在的民權路，一座城市的人來人往、繁起華落，盡藏於這條城內最重要的中軸道路。

話雖如此，府城也不只有民權路而已。城內每條街、每道巷、每個角落，都留著自己的故事。所以選另一條路走，來個不期而遇，也是不錯的方法。

有一條赤崁街，就位在赤崁樓旁。成功國小學生上課、放學經常要走這裡。香客要到大士殿參拜觀音佛祖，也常經過。甚至走這條路，可以在民族路跟成功路之間迅速穿梭，對在地人而言，算是很便利的捷徑。這幾年，幾間新開的燒烤居酒屋、異國風的德國啤酒吧陸續現身在巷弄中，小路小屋小酌小燒烤，在小地方裡圓一個古都的小靜謐，也增添了隱秘的小趣味。

對府城人來說，這條小街，好像差不多就這樣了吧。但它或許還可以帶我們回到府城那個遙遠、原初的世界。

原初之境

「赤崁街」這名是戰後才取的，典故顯然來自它旁邊的赤崁樓。不過在三百多年前，已經有人先用過這名字。

一六六一年，鄭成功率軍攻打台灣，當時在部隊任職戶部主事的楊英，稱呼赤崁樓為「赤崁城」，叫這一帶地方為「赤崁街」。他所說的，不是現在的赤崁街，而是指今天民權路一帶的市街。

「赤崁」是今天台南市區的早期名稱。一六二三年，一位來自阿姆斯特丹的荷蘭地圖繪製師，已經在他所畫的台灣與澎湖海圖裡，於後來府城的位置寫下了「Samcam」的名字。之後，荷蘭人稱「Saccam」、西班牙人稱「Chacam」，大概差不多都是源於赤崁的發音。赤崁究竟是什麼意思，目前仍眾說紛紜，總之可以確定的是，在荷蘭人來到台南前，這名字就已經存在。

在那幅海圖畫好的隔年，荷蘭人就從澎湖來到當時稱作「大員」的安平。他們不只在那裡蓋城堡，也想進入台江內海另一邊：福爾摩沙島陸地的赤崁。

赤崁是新港社群原住民的傳統生活領域。漢人曾有這樣的傳說：荷蘭人在赤崁向新港人買一塊跟牛皮差不多大小的土地，新港人欣然接受，但荷蘭人卻把牛皮剪成線，圈出一大片土地。眼見對方投機取巧，新港人瞠目結舌，卻也莫可奈何。

這般用牛皮取地的故事，很有戲劇張力，感覺很適合配茶點，邊啜飲邊賞聽，所以才會在往後不斷地傳誦吧。然而，講述這個故事的人，其實不只存在台灣，就連在海外也流傳著類似的情節，最早可以追溯到距離府城九千多公里遠、時間在兩千多年以前的腓尼基人（Phoenicia）。

傳說中，腓尼基人遷移到北非的突尼西亞，向當地部落取得一張牛皮大的土地。他們也是將皮剪成線，圈出一大片土地，建立了迦太基城（Carthage），日後得以與希臘、羅馬抗衡。

之後，這個故事成爲歐洲人的民間傳說。可能是在十六、十七世紀時，這傳說也隨著歐洲人的海外腳步傳入亞洲，變成另一種在地性故事。看來，在這個傳說裡，其實也藏著當時廣闊浩瀚的流動時代。

至於荷蘭人到底是怎麼跟新港人接觸的？從《巴達維亞城日誌》的紀錄來看，荷蘭人是以十五匹 cangan 花布爲代價，向新港人交換到這片土地，並預定把商館以及中國、日本人居住地遷到這裡，發展成一個新市鎭。

在此之前，依照荷蘭人描述，當時的赤崁地區，有一條淡水河川通過，土壤肥沃，動物、魚類資源豐富，相當適合開闢維生。而在之後西班牙人所描繪的地圖裡，也生動記錄了荷蘭人在這裡獵捕鹿群的畫面。

綜合這些紀錄來看，赤崁一帶，原本是綠水青山，而且在水聲風拂之間，可能還伴著一些梅花鹿的呦呦輕鳴，彷若原初優美之境。在日後一連串海外移民接踵而來以前，這裡自然作息，未有所屬。原住民，鹿兒們，與滋生之萬物，自己當家作主，都是這片土地原本的主人。

月下長安

荷蘭人取得了赤崁土地的使用權之後，在此規劃新市鎮，並將其命名爲「stadt provintie」，普羅岷西亞市街。provintie 是「省份」的意思，這是爲了紀念十六世紀晚期共同結盟抵抗西班牙王朝的尼德蘭北方七省。

一六五三年，荷蘭人又在市鎮的海濱地帶再蓋一座堡壘，就是現在赤崁樓的前身。那海濱的位置，大約就在現在的赤崁街。漲潮時，台江內海的海水可以拍打到城樓下。黃昏時刻，在城上往西望去，可看到日落海面、金波粼粼的夕陽景緻。十八世紀的清代文人，把這幅景色命名爲「赤崁夕照」。

日後，台江內海不斷淤積，海水離府城越來越遠，赤崁樓旁浮現新的陸地，而街道、房屋也跟著往西邊擴展，這片城西市街的發展地位也越來越重要。一七五〇年，連原本在今天台南醫院的位置辦公的知縣，也把他的衙門搬到赤崁樓北邊。

當時的赤崁街，剛好就是縣衙前面的街道，所以大家稱那裡爲「縣口」。縣口街很長，於是成功國小那頭，叫做「縣口尾」；靠近天后宮、武廟那頭，叫做「縣口頭」。縣口頭比較熱鬧，市民要去縣衙洽公、打官司，大多是往縣口頭走過去。

要打官司，得先寫狀紙。在縣口頭聚集了許多代客寫狀紙的代書館，所以這段路又叫「代書館街」。今日赤崁樓庭園的咖啡攤，大家在樹下悠閒啜飲；但百餘年前，這個位置可能是一群代書忙著伏案搖筆桿，在幫顧客寫公文與訴狀。

當西邊的海水漸漸化爲城西市廛，整個府城的規模變得更大，也更熱鬧了。直到一九四二年，考古與民俗學者國分直一登上赤崁樓，還能遙望到一點悠揚的城市景緻，他是如此描述：

發展於台南西邊斜面的古街巷，仍多彩地殘留了昔日的面影。月夜，若站在赤崁樓上，能讓人想起『長安一片月』的詩句。沐浴在月光下的那些屋瓦，真美。

長安一片月，是中國唐代詩人李白的詩句。我也曾經試著爬上赤崁樓，想要看看國分眼中這片「月下長安」長什麼樣子，可惜看不出個所以然。但這也不令人意外，因爲眼前的現代樓房，都已經比赤崁樓還高了嘛。

這是城市生長的證明，長安的消失是必然的。不過至少我們知道，這座城市的景緻，曾經帶給許多人不同的感動。

城裡迴盪著叮噹聲

城市越來越熱鬧了。然而，這塊土地原本的主人還在嗎？

在十八世紀的古地圖或風俗畫裡，可以看到一些原住民的身影出現在府城。他們有的駐足店鋪前，可能是進城採買時，在街頭觀望著商品吧。另外，也有很多人侍立在官員坐騎旁，或幫官員扛轎。身爲清朝統治下的「熟番」，他們有義務負擔差役，特別是公文傳遞，經常是交給健步如飛的青年「麻達」們遞送。城裡街巷中或許曾迴盪著，他們疾走時手上銅環所發出的叮噹聲。

然而，住在城市裡的大多是漢人，不是原住民。甚至連部落的生活資源與文化，也因爲

忠義路五帝廟的傳統剪黏作品，描繪出赤崁地區原住民捕鹿的畫面。

漢人的進入而逐漸變化。之後，新港人開始離開原鄉，另覓他地生活。

先離開赤崁街一下。往隔壁新美街走，到開基武廟看看。

開基武廟小而精巧，保留了昔日倚臨在港邊的狹長空間感。相較於不遠處規模較大的「大關帝」祀典武廟，府城人俗稱這廟爲「小關帝」，或是「關帝港」。

關帝港是過去廟前的水道。商人們的貨品，曾經頻繁地往來於關帝港以及下游的佛頭港。因此位居水道頂端的小關帝廟，和城內的商人們有著密切的關係。

一八一八年春天，小關帝廟整修完工，出錢資助工程的諸位善信名號，都被銘刻在前殿牆壁的功德石碑上。像是主掌府城商貿事務的三郊組織，林朝英經營的批發商號「林元美」，竹仔街吳家的業戶「吳德昌」，做篾街黃家的成員「黃本輝」——廟門口還可看見他弟黃本淵題字的石柱對聯，以及道衙戶房的胥吏韋啓億等城內主要紳商大戶。而在廟境內的店鋪，像是碗店、茶郊等，也都以媽祖會的名義捐獻。

這當中，在「本境店主」的項目下，有個「戴光來」，頗令人在意。差不多在此時，也有一位叫這個名字的人，他就是來自新港部落。

曾經的天與地

一七六八年秋天，一位名叫黃教的人，在今天的高雄岡山舉旗起事，率衆抗官，底下的群衆則出沒於台南、高雄一帶的沿山丘陵。官府出兵征剿，當時新港社的部落領袖 Tarinau ——漢字寫作「大里撓」，也帶領部落族人協助官軍。

這群新港人跟隨官軍來到今日高雄內門北邊。前方就是禁止越界開墾的番界，但知府鄒應元要在這裡設立防守據點，於是特許 Tarinau 帶領部落族人越過番界，建立防禦木柵，開墾土地。

利用這次機會，新港人在內門取得一片新天地，落地生根，往後也跟官府保持良好關係。Tarinau 的兒子戴光位，後來擁有「屯番」部隊高等軍官的職位。在海賊王蔡牽侵擾府城時，他也因爲帶兵協防府城有功，在一八〇六年受官府賞予五品頂戴的頭銜。

戴光位有個弟弟，名叫戴光來。小關帝廟石碑建成的時間，跟 Tarinau 兒子們的活動時期十分接近，雖然石碑上的「戴光來」到底是誰，目前還不能確定，但如果眞是這位戴家成員，那麼這名新港人後裔，後來可能進城經商，成爲一位城內商人，大概就像是我們現在所說的都市原住民吧；不僅如此，他還可能發展出足夠的能力資助寺廟整修，跟其他府城紳商一起參與城內的公共事務。

這片土地原本的主人，曾經因爲人群與歷史的因素而四處流移。但有些人可能還是隱約記得他們原本的家。

左鎮區岡仔林的李家，是從台南遷移到左鎮生活的部份新港人。其中一代的李文貴，擁有「屯番」外委的中等軍官職銜，當時是在戴光位管轄之下。現在李家的族譜中，摻進了一些像是「來自中國江蘇省新港府」的異置記憶，但也保留了先祖渡海而來，以及曾經待過台南樣仔林（今台南市美術館二館一帶）的蛛絲馬跡。

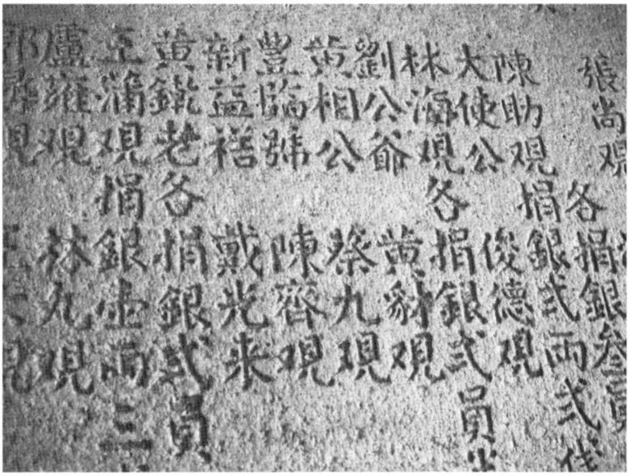

開基武廟捐獻石碑上，留著「戴光來」的姓名。他有可能會是新港社原住民嗎？

即使很多人遠遷他地，但戴光來的線索，是否能告訴我們，或許新港人也沒離這片曾經的赤崁、曾經生活的天地太遠？這裡面或許也有許多想像的可能吧。

府城的起點

走在赤崁街上很舒服，特別是有陽光的時候。這裡的陽光，會篩過路傍樟樹的綠茵，華麗地潑灑在赭紅的圍牆與步道上。那是一片這座古都才有的寧靜與悠閒。

然而，同樣的陽光，三百多年前照耀的，可能是金光閃耀的沙灘；一百多年前，則是照亮繁忙的縣衙門口與代書館街。在這條還留著「赤崁」地名的馬路上，或許可以找到府城的起點，以及她在時間荏苒裡如幻的身影。

從這裡出發，府城的故事就這麼開始了。

海

現在如果要從府城市區前往距離最近的海邊，得驅車一路向西，走安平路，過了安平，過了四草大橋，走過一片沙灘，才能碰到海水。這段路程至少有六公里。但像前面提到的，以前的海岸，位置在現在赤崁街一帶。那個時候，要看海的話，就登上赤崁樓；要玩水，就在赤崁樓邊。

事實上，不僅是赤崁樓邊。現在的府城市區，有將近一半曾經都是海水。

海神列隊

近四百年前，華人、日本人、荷蘭人各方人馬要到此地，得先從台灣海峽通過鹿耳門或大員港這些沙洲之間的水路，進入風平浪靜的台江內海後，再慢慢往赤崁陸地靠陸上岸。

這群海外人，在赤崁新天地開墾土地、做生意、蓋房子、與原住民打交道，也用自己的語言、文字、圖像描寫與記錄這塊土地，以及自己在此處的活動狀況，成爲府城地區早期的史料。府城的歷史，就此自海洋而展開。

現在的舊城區裡，座落許多寺廟，它們都是往昔府城的社會與信仰中心。其中有幾座廟特別古老，從北到南，有元和宮、開基天后宮、廣安宮、大天后宮、開基武廟、開山宮、保西宮、沙淘宮、總趕宮等。

這些寺廟，是在十七到十八世紀初期陸續興建的。它們所祭拜的神明，有保生大帝、媽祖、太子爺、海船總管倪聖公、池府跟三府王爺等，多數跟海水，或者依海生活的人群有關。廟的位置，都是座東朝西，也就是座山朝海，直到現在依舊如此。

把這些原本在海邊的寺廟連成一條線的話，就是過去府城的海岸線。現在來看的話，大概就是西門路左右一帶吧。

當然，現在府城市區裡早已看不見海了。但在這些古老寺廟週邊繞個幾圈，還是可以見到一些海的蹤跡。因爲，儘管海岸越離越遠，但這些海神仍堅守原位，列隊向西看齊。

浪淘沙

在這些廟之中，祭拜太子爺的沙淘宮，就位在西門路巷裡、延平大樓後面，府城人習慣稱它叫「頂太子」。在更南邊，還有另一間也是拜太子爺的昆沙宮，則是「下太子」。

沙淘宮是什麼時候創建的，不太清楚，但可以確定在鄭氏治理的十七世紀晚期就已經存在。到了一七七四年，因爲建築物年久失修，附近居民合力整建，並且製作一塊「重築沙淘宮記」的石碑放在廟裡，記下這次重修的過程。

石碑上，有段文字提到了當時廟前的景象：「對峙者，荷蘭城；環繞者，鯤身

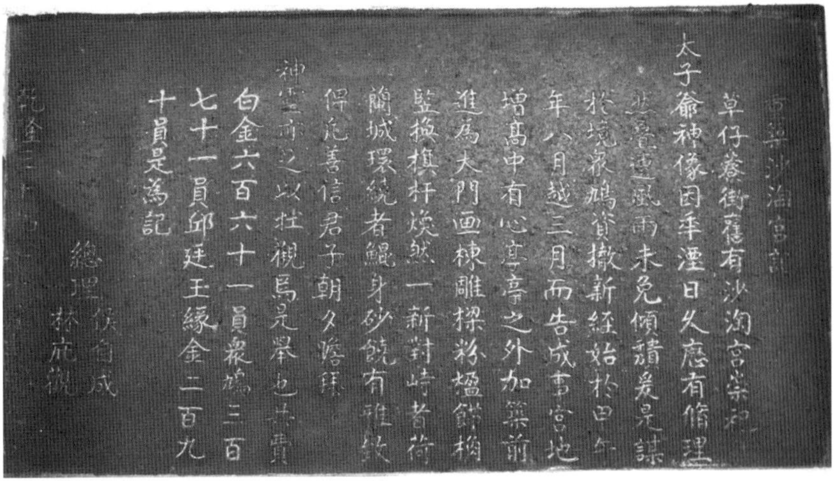

「重築沙淘宮記」中，描寫到兩百多年前沙淘宮前的海景。

砂。饒有雅致。」這意思是說，在廟的對面有一座「荷蘭城」相望，也有一排鯤鯓沙洲環繞著，這樣的景色真是優美。

那座「荷蘭城」，指的是遠在安平、由荷蘭人所興建的熱蘭遮城，也就是今天的安平古堡。而「鯤身砂」則位在安平南邊的一到七鯤鯓，當時這裡是一整串橫貫於海上的長形沙洲。

這段碑文描述著二百餘年前確實存在的景象，但現在踏出廟門，眼前除了西門路上的樓房，什麼荷蘭城、什麼沙洲，都看不見，因此這段碑文讀來暈眩玄妙，彷彿虛幻的海市蜃樓。但若回頭望，門口的廟名匾又提醒著你：別懷疑了，這裡以前真的是海呢。

「沙淘宮」這廟名是很特別的。在一六九六年的《台灣府志》裡，記載「沙淘」二字的意思，可能是：「濱海之地，浪湧淘沙，故以名宮焉。」

事實上，若沿著沙淘宮旁邊的草寮仔街——今天小豪洲沙茶爐所在的中正路一五〇巷，繼續往下走到總趕宮一帶，那裡也曾經有「金沙巷」、「銀沙巷」的老街名。再繼續走下去，也會抵達同樣有個「沙」字的下太子昆沙宮。

原來，「沙淘」的意思，大概就是當人們在廟前榕樹下大快朵頤吃著菜粽的時候，數百年前，腳底下曾經有海浪往覆、淘著細沙吧。

海水安寧

沙淘宮重修的十八世紀中期，在強盛的堆積與離水作用下，府城海岸已經開始淤積，更往外移動了。因此，新的陸地慢慢浮現，人們與房屋也跟著出現，漸漸形成城西市街。

在這片新的海埔地上，殘留了一些東西向的溝道。人們利用這個地形，把船開進來，將來自海外的貨物運到陸地及城內。所以這裡的房子大多面對溝道，呈現座北朝南或座南朝北的方向，以便裝卸貨物，跟舊海岸線那些列隊向西的寺廟不太一樣。而這些溝道，也就變成後來所稱的「五條港」了。

其中，「南河港」是比較早形成的水道。它的源頭在大井頭附近，沿著今天的民權路一直往西延伸，流入台江內海。一七三九年，一位名叫鄂善的滿大人，在南河港尾端蓋了接官亭，當作迎接官員上岸或離岸的門面；同時也蓋了風神廟，祭祀風神爺，祈求船舶一帆風順，無事渡過黑水溝。

一七七七年，知府蔣元樞擴大整建了接官亭與風神廟，還在廟前豎立一道由泉州白石所打造的大牌坊，上面刻著他的題字：「鯤維永奠」與「鰲柱擎天」。

「鯤」是海裡的大魚，所以「大魚永遠安靜，就能風平浪靜」的題字，是擺在面向水道的那一邊。而「鰲柱」是神話當中女媧補天後，立在海上撐住天頂的大柱，所以「從海上撐起天地」的題字，是擺在面向陸地的那一邊。

面對形勢無常的海水，人們最大的願望，自然是海波不驚、風平浪靜。它不僅表現在接官亭石坊題字位置的刻意安排上，也表現在府城的各種海神信仰中，尤其是媽祖。在風神廟旁邊不遠，還有一座名叫「海安宮」的媽祖廟，興建於十八世紀晚期，座落於當時與安平對渡的碼頭旁。「海安」二字，也寄予了這靠海水發展的城市裡，人們所祈求海水安寧的小小心願。

現在的海安路，就因這座海安宮而得名。繼「沙」畔的西門路後，有著「海」字的海安路，成爲市區第二條記憶著海岸變遷的現代道路。然而，海安了、陸卻不安，近代的海安路，因爲肆意妄爲的地下街工程，成爲一道劃過舊城區的深刻傷痕。

至於撐起天地的接官亭，在二〇一六年的美濃強震中，受到相當嚴重的毀損。極度猛烈的搖晃，讓接官亭石坊的卡榫接合處嚴重磨損，但終究安穩撐住了，不愧「鰲柱擎天」的名號。只是同梯兄弟：廟左的古碑亭，卻因此被震倒，碎了一整地。

不管何時，人們都與天地共存，也在天地脈動中求生。

浮龜新町與鮮味田町

台江水域的消失速度越來越快，滄海化作桑田的劇變也已近尾聲。十九世紀晚期，原本要渡船才能抵達的府城與安平兩地間，已經出現一條陸路，用走的即可往返，這就是今天安平路的前身。

而從一些至今仍流傳於城內的趣味掌故裡，還可以體驗到這段海退陸浮的變化。其中最知名的，莫過於南廠保安宮的白蓮聖母。

白蓮聖母的本體，是一隻石龜像。更正確點來說，那不是龜，是「贔屭」——漢人民間社會傳說中的龍之子，因爲愛馱重物，所以常被當作碑座的造型。不過，因爲外表真的就是烏龜的樣子，所以暫且稱之爲龜吧。

石龜是十八世紀晚期在福建打造的，原本是石碑的底座，共有十組；石碑上刻的，則是乾隆皇帝爲平定台灣林爽文事件所撰寫的詩文。不過，當這些石材運來府城時，其他九隻無事抵達，唯獨這隻卻不愼落入海裡。

一百五十餘年後，台江的海水褪去，這隻沉沒在海底的石龜，才浮了出來。附近人們將其視爲神龜，在一九四一年搬進保安宮供奉；而背上原本要安裝石碑的凹槽，也被置入清水，被當作保平安的聖水。隨著香火越加鼎盛，廟方延請了城內的粧佛名匠：北勢街西佛國蔡心司阜，爲白蓮聖母造了神像金身。如果細看的話，跟媽祖的造型相當神似。

發現石龜的地點，大家俗稱「石龜塭仔」。那一帶地方，因爲是海埔地重新整理的市街，故名爲新町（Shinmachi）。原本在府城西門邊的風俗業者，以及新的經營者，都被當局安排遷移到這裡的遊廓（yuukaku），而成爲一處鶯燕尋花的園區。

跟新町同樣是海埔新生市街的，還有田町（Tamachi）。它大約在今日西門路、大菜市以西一帶，也就是中正路的西端。它的北、南兩邊，各以港町、新町爲鄰。

田町一帶原本都是沼澤與塭地，那是台江內海浮覆後的遺跡。不斷塡土整地，終於完成規劃已久的棋盤式街廓，也吸引西門町的賣店與人潮擴張過來。世界館戲院、魚市場、各式小吃賣店的盛場（戰後稱作沙卡里巴）陸續成立，形成了倚臨台南運河旨段碼頭、充滿鮮味美食與逛街人潮的田町市街。這般榮景，一直延續到戰後，即使是七年級生，也還記得小時候中正路商圈那繁榮的感覺吧。

一九八〇年代，運河旨段碼頭有了巨大變化。在市長蘇南成主政下，碼頭被填平，蓋起了「台南中國城」，於一九八三年夏天正式開幕。

這座冠著黃色琉璃瓦屋頂、像是中國皇城般的建物裡有商店街、飲食區、戲院、冰宮，曾引領中正路走向繁華頂峰。然而，一九九三年動工的海安路地下街工程，阻斷了商圈；加上新光三越、FOCUS、華納威秀等新型態的百貨及戲院，於一九九〇年代晚期陸續進駐台南市區，使得中國城一帶榮景不再，最終成爲一座陳舊而昏暗的空城。

在長時間的討論與都市更新計畫執行下，二〇一六年，中國城開始拆除，運河碼頭水景將重新回到府城人的面前。這段城起城滅、水離水又回的過程，不僅說明了商況的起落，也蘊含了不同世代對府城的城市想像。

不斷找海

其實台南要看海，還是挺方便的，因爲就在西鄰嘛。不只安平，沿著台十七線的西部濱海公路往喜樹、灣裡方向一帶的海濱叫「黃金海岸」——或者不用理會這個複製自澳洲的名字，現在有另一個名字「鯤喜灣」——也是滿多人會去的海邊。

不過，這麼久的時間以來，海岸是離府城越來越遠了。這不但是空間的距離，也是四百年的時間距離。

然而，城裡的故事、海神，以及餐盤上的小卷、蚵仔，以及鮮魚料理們，會這樣告訴我：府城靠海而生，海沒有離府城那麼遠，即使是現在也是。

梅花

位處熱帶地區的府城，甚至整個台灣，原本不產梅的。即便是現在人們最熟知的「國花」，那也是一九六四年在行政院院會當中，正式決議將梅花指定爲中華民國的國花，並經過當局刻意宣傳之後，才開始形成普遍的大衆記憶。

然而，不同於這種近代國花的記憶，府城人盯著梅花看，卻早已看了三百多年。這塊土地上的梅花，跟歷史上往來的人群一樣，是早年自海外移入的品種，因此在府城生存了很長一段時間。而且，它們往往跟鄭氏時期的歷史緊連在一起。

鄭成功種梅

在青年路上的府城隍廟旁邊沒多遠，有一條武德街。

現在這條街，左右兩側盡是住宅。但是，以前這裡座落了淸治時期台灣府的衙門。在裡頭辦公的知府大人，以及他的幕僚團隊，掌理了全台灣的政務，時間長達兩百餘年。

不過在此之前，這裡就已經有房子了，十七世紀中期，是鄭氏政權的天興州衙門。清朝接掌台灣之後，這裡就由新政府的官署——台灣府進駐使用。或許因爲這般緣故，這裡流傳了一些鄭氏時期的故事，其中一個是府衙後花園裡的梅花。

大概在現在武德街的中段——也就是往昔府衙大堂的西邊，曾有一塊小花圃，那是府衙的後花園，名叫「鴻指園」。

鴻指園裡有一株梅樹，傳說是當年鄭成功親手種植的。一八七五年，府城興建了主祀鄭成功的延平郡王祠，當時就把鴻指園這株梅樹移植過去。就是位於現在延平郡王祠後殿、奉祀鄭成功的兒子鄭克壓的監國祠前方那棵梅樹的由來。

這個故事流傳久遠。但事實上，延平郡王祠的古梅，不但沒有從鄭成功那個時代一直生存至今，而且可能還枯萎過好幾次。

這並不乏目睹的證人。像是出身府城的前清進士許南英，一九一〇年代曾經到延平郡王祠裡一遊。當時，他就看到古梅枯死了，因此作了一首詩，表達他「悵然有感」的心情。

如今，延平郡王祠正殿的後方共有三株梅樹。一株變三株，是在日治、戰後陸續增植的結果。當然，原本枯死的古梅，也是經過補植，才能一直維持生生不息的樣子。

每到晚冬初春之時，三株梅樹仍會靜靜地綻開白花，點點若雪，飄瓣似絮。現在不太有人會管眞正的古梅是哪一棵了。總之，它們都共享一個鄭成功的故事。

小京城之夢

梅花傳說的主人鄭成功，曾經在十七世紀中期率領艦隊，從荷蘭東印度公司手中奪得台灣。

當時，鄭成功正率兵與清朝對峙，同時也在攻擊與吸收沿路其他反清部隊與地方勢力，以壯大自己的陣容。然而，隨著情勢對自己越來越不利，爲了尋求一塊安穩的立足之處，他決定揮軍跨海而來。

鄭成功對台灣這塊土地的印象，應該不會太陌生。他的父親鄭芝龍早年闖蕩東亞海域時，台灣就是主要的活動據點之一。他要求荷蘭人退出台灣的其中一個理由，就是他只是要來討回原本屬於老爸的地方——即便老爸早已投靠清朝十幾年，父子關係形同決裂。

一六六一年四月底，鄭軍自金門料羅灣出發，航越台灣海峽、穿過鹿耳門、進入台江內海，最終在赤崁海岸登陸之後，首先攻取普羅岷西亞城，控制了赤崁地區。在這裡，鄭成功宣布成立「東都明京」，標榜這裡是「開國、立家，可爲萬世不拔基業」。府城在成爲府城之前，看來還曾經是鄭成功想像中，一座意欲長久安居的小京城。

同一時間，熱蘭遮城裡的荷蘭人，還在苦等公司援軍。直到一六六二年一月，在鄭軍發動了一場大砲擊之後，仍然等不到援軍的荷蘭人，只好與鄭成功簽訂合約，答應退出台灣。

這一年，鄭成功三十八歲，而荷蘭東印度公司也花了同樣的時間，在台灣管理了三十八年。台南脫離了荷蘭人的事業版圖，接著走進鄭成功後續的短暫生命裡。

於赤崁小京城住了將近九個月的鄭成功，隨即搬到熱蘭遮城，成爲城堡的下一任主人；然而四個多月後，永曆帝朱由榔在昆明被吳三桂處決，鄭成功也在這座城裡撒手人寰。

想像一個英雄

如此忙碌於兵馬倥傯的鄭成功，是否眞有這般閒情逸致，在他的小京城裡蒔花弄草，親手種下一株梅樹呢？

對人們來說，這個問題也許不太重要。重要的是，鄭成功這個人的故事，距離他們已經幾百年之久；但透過這株梅樹，他們能盡情記憶與想像鄭成功的事蹟，彷若是在眼前生動演出的一齣歷史大劇，爲他們的日常生活，憑添一點茶餘飯後閒逸話題的素材。

時間快轉到一九二〇年，有位來自中國四川的書法家楊草仙造訪台灣，他曾來到延平郡王祠，想要一覩鄭王梅花的英姿；很掃興的是，花都沒開。

掃興是我說的。既然楊草仙相信它是鄭成功的梅花，自然不會對它說三道四，於是他這麼說：這梅花有格調，不開給人看，頗有鄭成功的英雄氣節。之後，他以狂草墨跡寫下十個大字：「英雄花骨格，不爲一人開」。

自海外移入的梅花，在府城四季如春的熱帶氣候下，不僅容易枯死，也不容易盛開；不過，光是不開花，也能給人這般想像。纖纖樹影，在這座城市裡，反而要爲波瀾壯闊的英雄氣概代言。

至於梅樹傳說的起源地：府衙的鴻指園，早已片瓦不存，變成武德街上一幢幢樓房。然而說到梅花香，卻也不是聞不到。

武德街旁邊的府城隍廟，主祀神明是城隍爺威靈公，這座城市的守護神。府衙跟城隍廟互爲鄰居，象徵這座城市的陰陽分治。

府城隍廟梅園中的梅花，跟府衙鴻指園的鄭成功梅樹傳說，在相近的位置上巧合銜接。

廟的後院，原本是奉祀觀音的大士殿。曾幾何時，大士殿已經頹圮，不知所蹤；而現在這個位置座落一片梅園，是二〇〇三年闢建的。

花園裡，鋪了小徑、種了梅樹，還立了一座涼亭。亭子由府城的傳統大木匠師陳天平設計，雖然是鋼筋混凝土結構，外觀卻是相當講究的閩南木造形式。

這片小綠地就蝸居在樓房之間，置身其中，彷若站在都市叢林裡、一小片遺世獨立的小樹林。每到冬春之交，這裡的梅花就會微微綻放。繚繞於林間的淡淡花香，巧合地把這個地方的歷史傳說給銜接起來了。

流亡的王爺

延平郡王祠的梅花，承載的是鄭成功帶領軍隊踏上台南土地的記憶。然而，在赤崁樓對面的祀典武廟，還有另一株梅樹，少了點英雄氣魄，卻多了點亡國之悲。

鄭成功辭世後，廈門與台南兩邊人馬，隨即展開一場繼任王位的爭奪戰。一六六二年底，駐紮在廈門的鄭經，率軍跨海進攻台南，從他叔叔鄭襲的手中奪得王位，也取得台灣的統治權。當時還住在廈門的寧靖王朱術桂，隔年就被鄭經迎接到台南居住。

朱術桂是皇室的成員，自小生長在家族的封地：中國湖北的荊州。一六四二年，張獻忠攻陷荊州之後，朱術桂舉家避難。兩年後，明朝崇禎帝自縊、滿人卽位當皇帝，而他也展開了投靠明朝殘存勢力、四處遷徙的漂泊旅程。

一六四八年的春天，正值壯年才俊的朱術桂，奉永曆帝之命擔任鄭成功軍隊的監軍。此後三十幾年時間，他一直與鄭氏軍隊同行。

鄭經掌權後，他來到台南。鄭經幫他在台江岸邊蓋了府邸，繼續給他俸祿，形式上還是奉其爲宗室成員；但這位原本就沒什麼實質影響力的王爺，在永曆帝亡故後，地位更加尷尬。或許他本人也意識到這個情況，因此他不過問政事，在高雄路竹經營土地開墾事業。

一八六三年，鄭克塽決定向清朝投降。鄭氏軍隊瓦解了，朱術桂也失去了生存名目，他便隨同妻妾侍女，一起自盡殉國。在這之前，他作了遺產的交代：他的府邸，要捐作佛寺。

爲了感念朱術桂的捐捨，接手府邸的僧人宗福，爲他在寺裡供奉一方牌位。這牌位是木製的，上面刻著「本菴捨宅壇樾明寧靖王全節貞忠朱諱術桂神位」等字，意思是說「這是將自己的家捐出來作爲佛庵的功德施主，明朝寧靖王朱術桂的神位」，如今還放在大天后宮的後殿聖父母廳裡。

不消殞的生命力

然而，改成佛寺的過程也沒那麼順利。

統領清軍攻下台灣的施琅，介入了府邸的改建計畫。他的處置方式是，僧人不用離開，甚至整座府邸也還是給僧人管理，只是觀音菩薩得到後面去，媽祖要在放前面的正位。

施琅將這個想法交給他的得力部將吳英負責執行。原本作爲佛寺的府邸，在軍人的介入下，最後變成了媽祖廟，也就是現在大天后宮。一六八五年，施琅在廟裡豎立一塊相當巨大的「平台紀略」石碑，正式宣告他平定台灣，並把台灣這個「遠在海表，昔皆土番、流民雜處，未有所屬」的地方，正式納進清朝版圖中。做了很長時間卻若即若離的鄰居，此時台灣才首次被隔壁的中國王朝正式統治。

大天后宮後面，緊臨著祀典武廟。有這麼一說，武廟可能也是往昔府邸的一部份。而在武廟的六和堂前，有一棵古老的梅樹。所以也有人這麼說，那梅樹就是朱術桂在府邸後方庭園裡親手種下的古梅。

老梅樹現在是武廟的鎮廟珍寶。隆冬之際，它仍會綻放點點重瓣之花。在梅樹下賞花，是武廟每年農曆新年的風物詩。

二〇一〇年九月，在凡那比颱風的侵襲下，老樹禁不起強風吹襲，攔腰裂成兩半。經過搶救之後，它還是維持著身形痀僂、垂垂老矣的姿態，冒枝發芽，努力生存至今。

它的生命力，並沒有隨著寧靖王傳說的亡國憂鬱而消殞，反倒是在溫煦的南國土地上，堅韌撐住。或許，這才是真正的英雄花骨格。

故事的果實

延平郡王祠與祀典武廟的梅花，都連結到鄭氏時期的歷史，雖然它們不一定真的是在當時種植的。然而，府城人就藉由這個溫帶植物，在熱帶府城裡追溯鄭氏時期的記憶。

府城的梅樹也不只有這幾棵，十八世紀以後直到今日，府城仍持續在種梅樹。西華堂的廊下，一株梅樹鶴立於庭院之間。歷史悠久的台南公園，還有南一中、公園國小的校園裡，也看得見梅花，在每年冬季的時候，開得比那些老梅樹還旺盛。

花開完了，一顆顆可愛的梅子就會接著結出，提醒大家春天已到。在日治時期，延平郡王祠的梅樹結實了，還有台南廳的農會前來保護，說是要等成熟後，取之播種。

結完實，梅樹恢復濃密的綠葉，這是一整年絕大多數時間裡梅樹的姿態。不過，它們並不會因此變成一株無趣的樹木，因爲枝頭上，還繼續結著這座城市與人們的故事果實，那是跨越時間與季節的。

嗯。想坐在綠蔭下，來杯清涼的梅子綠，慢慢啜飲了。

虱目魚

一七六三年，渡海來台任官的福建建寧縣人朱仕玠，曾經爲這一隅海國的名物，作了首詩。

鳴螿幾日弔秋菰，出網鮮鱗腹正腴；
頓頓飽餐麻虱目，台人不羨四腮鱸。

詩裡提到「麻虱目」(môa-sat-bàk)這富有異國情調的名字，是虱目魚的舊稱。現在比較少聽到這般念法了，因爲人們逐漸省掉「麻」字，只唸「虱目魚」(sat-bàk-hî)。

虱目魚是春天放種，歷經約半年的養殖，再於夏末初秋收成。朱仕玠詩中第一句吟誦的，就是秋季滄涼的空虛之景；但緊接著第二句，道出人們採收虱目魚的景象，將讀詩的人，瞬間拉到充滿希望與食慾的豐饒時節。第三與第四句，是他認爲台灣人每頓飯，都可以一嚐肥美的虱目魚，即便是中國名盛千年的「四腮」上海松江鱸魚，也變得不值一提。

百餘年之後的今天，詩句所傳頌的虱目魚美味，依舊在這塊土地上，以及人們的嘴裡，散發著令人心滿意足的口感與暖意，尤其是在府城。

一日的朝氣

在府城，虱目魚是以早餐而聞名的。

店家取得凌晨於產地打撈直送的虱目魚之後，將魚肉給卸下，魚肉是煮湯或乾煎，魚骨則拿去熬湯頭。點一碗虱目魚湯，就能嚐到這魚骨慢熬的清甜湯汁。湯裡，可能會有一整塊虱目魚肚端臥碗中，或者要點魚皮、魚丸，甚至魚腸、魚頭也可，不同的內容物，會一起把碗裡時勢營造得更加熱絡。最後，得撒上點韭菜碎花與一把薑絲，將味道打到更鮮甜的位置去，這樣一碗極致爽口的虱目魚湯，才會端到嗷嗷待哺的食客面前。

除了魚料理本身，早餐的內容，還會再搭配肉燥飯、鹹粥、海產粥，或者直接就來碗蚵仔虱目魚粥。這類米飯料理，與虱目魚新鮮現煮並富含油脂的風味相當搭得來，吃下肚，可以吃下一整天豐滿元氣，那也許不只來自食物本身的美味，還有豐富的澱粉與蛋白質，以及對於精神和味蕾的鼓舞。

這些小盤小碗的虱目魚，烹調雖然一點都不華麗，卻能夠直入口中與胃裡，撫慰府城人的身心靈，要說是豐盛大餐也不爲過。但這並不代表虱目魚料理的格局僅止於此，它不僅還有許多其它料理法，也能跳上更大的餐桌，像是配合五柳居合燴。

五柳居（ngó-liú-ki）是傳統台菜的一種料理法，主要以各種切作條狀的食材燴煮成羹，淋在過油的魚上，成爲一道正式的菜餚。

虱目魚不華麗，也能給予豐盛的撫慰。

在其它地方，虱目魚不像鯧魚、鱸魚等那麼常見於五柳居料理，但是在府城，則成爲一道深具代表性的名菜。當那帶著繽紛絲條、味道甘甜酸香的芡羹，緩緩浸潤至炸過的虱目魚裡，與其獨特的鮮味和口感融合一起，那又是要將人帶往另一層美麗世界去了。

美食家鄭氏父子

府城人覺得，虱目魚的老家就是在台南，是這個地方最引以爲傲的代表飲食之一。這一切都源自於府城人對美味的堅持，還有與虱目魚共處了三百多年的生活及歷史記憶。

在十八世紀初期的《諸羅縣志》裡，記載了鄭經很愛吃虱目魚的傳說。由於虱目魚有「皇帝魚」的別稱，《諸羅縣志》認爲，台灣人是因爲鄭經愛吃的緣故，才把它叫做皇帝魚。日後的民間傳說也有這種說法：台灣之所以興盛養殖虱目魚，就是始於鄭經鼓勵百姓開塭養魚。

跟虱目魚扯上關係的，不只鄭經，還有他爸鄭成功。

台灣曾經有兩種魚被稱作「國姓魚」（kok-sèng-hî），那個「國姓」，就是國姓爺鄭成功。一種是北台灣的⿰魚桀魚（kiàt-hî），也就是香魚。牠曾經悠遊於淡水河上游大漢溪、新店溪、基隆河流域之中，相傳在鄭氏時期才出現，因而獲得這個名號。然而遺憾的是，由於棲地受到嚴重干擾，香魚早已絕跡了。

另外一種，就是虱目魚了。關於名號的典故，有各種不同說法。有人說，當初鄭軍在台灣沒魚可吃，所以鄭成功在安平、四草一帶開闢魚塭，養殖虱目魚，以佐軍食。

連橫在《雅言》一書裡則是說，相傳鄭成功來到台南後，很愛吃虱目魚，人們就如此稱呼。這個說法，跟鄭經愛吃的故事有異曲同工之妙。

還有一種這樣的故事。鄭成功來到台南，因爲不認識虱目魚，所以指著它問是「啥麼魚」，後來，人們漸漸訛傳爲「虱目魚」了。當大家在講這段故事的時候，「啥麼魚」三字都用現在的「國語」——以北京官話爲基礎的新國音，唸成「shá-mo yú」，因而順著對應到台語的 sat-bàk-hî。但很多人也知道，鄭成功是泉州南安人，以他所講的閩南語，什麼魚應該唸作「sià-mih hî」，反而跟 sat-bàk-hî、甚至 môa-sat-bàk 對不太起來了。會用現代國語來講故事，說明這個故事應該是相當晚近才形成的，由此可知，在不同的時代，還是有人需要透過鄭成功事蹟認識台南虱目魚。

不管如何，「國姓魚」之名，就這麼存在於人們的生活與慣稱之中。像是二十世紀初期北門嶼的文人吳萱草，在他〈國姓魚〉一詩裡，開頭兩句就娓娓詠出「莫說無因自產生，鄭王賜姓汝傳名」的鄭家故事記憶。

在人們心目中，鄭成功與鄭經都很愛吃虱目魚。然而，他倆到底是否眞的愛吃，因爲是個人觀感，眞要尋求一個解答的話，可能得問他們本人才會知道了。但對府城人而言，之所以吃個魚也要拉鄭家的人出來，搞得他們不僅忙於兵馬軍務，還得身兼美食家，其中也許有著比想像中還複雜，卻充滿趣味的因素吧。

一方面，是因爲虱目魚的美味，經得起長時間考驗，不只府城人自己可以掛保證，還找另外兩位知名歷史人物代言。相似的狀況，同樣可以在府城另一項鮮味魚食——魠魠魚身上見到，人們就請到福建水師提督施琅，給它講了一個「提督魚」的故事。

另一方面，虱目魚也可能像梅花一樣，成爲府城人記憶與表現鄭氏時期歷史經驗的一種媒材。不太一樣的是，若說梅花特別受官員或文人喜愛，那麼，虱目魚應該是更貼近人們生活與肚皮，庶民大衆俯拾卽是的原料。

時代的線索

至於「皇帝魚」之名，則不只虱目魚獨有。像是比目魚——或稱貼沙魚，也有皇帝魚之稱。

十七世紀的安平，在從大員出發前往中國沿海的貨船上面，也常見一種荷蘭文記載爲「Conincxvisch」的魚貨，意思是「國王魚」，每次載運的數量很多，可說是當時重要魚產之一。不過，漁民都是在近海捕撈它，而且它的體積很大，看起來也不像是虱目魚。

稱王稱帝的魚兒不只一種，偏偏只有虱目魚跟鄭經扯上關係。但事實上，鄭經雖然自稱在台南「建國東寧，於版圖疆域之外，別立乾坤」，也被英國東印度公司稱呼爲「大員王」（King of Tywan）.，但他自己可沒使用過君王之號，仍然是承襲藩王與招討大將軍的頭銜，並且奉明朝爲正朔。要講鄭經在台南當皇帝，也許是言過其實了。

不過，一直被人們留在虱目魚故事裡的鄭氏父子足跡，或許是時間所殘留的線索。它暗示的，不一定眞的與鄭氏父子有直接關聯，而是虱目魚的養殖事業，或許最晚在鄭氏時期就已經盛行。

一六八四年，台灣被納入清朝版圖後，台南附近的魚塭養殖就已經很盛行了，也讓政府也在「水餉」科目下，對這些魚塭徵收稅金；而在魚塭內，虱目魚或許就是重要的養殖品項之一。十八世紀初期的《鳳山縣志》記載，在今天台南機場與喜樹聚落之間，曾經有個魚塭名爲「風櫃門塭」，那裡「產虱目魚甚多」。

如果那個時候的人們，就已經對於開塭養魚相當駕輕就熟，甚至可以養出不錯的品質與產量，那麼把時間往前推一點，也許至少在十七世紀晚期，虱目魚就已經悠遊於台南一帶了吧。《諸羅縣志》也很明確記載了，虱目魚在「鄭氏時，台以爲貴品」，不僅有生產，而且還是尊貴的好東西。

耕海的過往

魚塭養殖事業的盛行，跟府城的地理環境有密切關連。

這個地方，自古就靠海。除了有許多人坐船闖蕩四海，也有人會前往平淺的沙岸邊與海埔上，從事採捕、曬鹽與闢塭養殖的活動。

在人們眼中，這一片鹽分地帶，雖然不太能耕種，卻也不是完全的不毛之地，還是有辦法可以生產出具有經濟價值的民生必需品與水產作物。因此，城內士紳會去投資經營，而在濱海地方社會中，也有不同人群會佔地圍墾，甚至產生糾紛，引發械鬥。鹹乎乎的海風裡，曾藏著這般人們「耕海」的生活片段。

前面提過那位爲國姓魚作詩的吳萱草，也在他家附近將軍溪旁、濱海之處的大道公塭裡，養殖過虱目魚及其他水產。一九四五年，吳家有了第一批虱目魚收獲，在家人用「古都式」——也就是台南風格的方法烹調後，大家享用了一頓豐盛的虱目魚大餐，吃得非常開心。當時正値戰爭末期，加上這是自家費盡心血照料的成果，這些感受，疊加在虱目魚本身的滋味上，想必是一種難以形容的味道吧。

在生物學分類上，虱目魚獨佔一科一屬一種，別無其他相似物種。而牠出身亞熱帶，偏好溫暖，無法忍受寒冷，所以每當台灣遭遇酷寒，虱目魚往往首當其衝，翻了一堆肚。養殖業者只能趁鮮度尙存之時趕緊打撈，至少還能製成魚丸等加工品，否則就是一大損失。

這獨到的身世，以及原則分明的生活調性，似乎也跟府城人很契合啊。皇帝魚其實是古稱，現代人很少這樣叫了，不過虱目魚仍然在習性與餐桌上，保有一絲尊貴之氣。

百年豐饒之味

虱目魚的魚刺，比其他魚種還要多，據說有二百二十二根。身爲皇帝魚，這又是牠另一個足以稱王之處，也總讓挑魚刺（chhn̂g hî-chhì）技能低落的人相當無可奈何。

不過現在「無刺」兩字常跟著虱目魚走，老闆的料理刀工，會幫大家解決這道難題。但其實還是有些府城人會堅持要吃有刺的，因爲帶骨的魚肉比較香。對經常接觸海味的部份府城人而言，以熟練的嘴技處理魚刺，並非難事。

即使今日的市區已經離海很遠，但府城人跟虱目魚打交道就像這個樣子，還稍微帶著一些海洋生活的經驗。歷經久遠時間，這些經驗，還能跟著魚兒來回悠遊於今日的水波與餐盤之上，並且伴著一股能夠給人飽滿的氣力。

虱目魚到哪裡，都能讓那個景象豐饒起來。豐饒了魚塭，也豐饒了府城的早晨，以及城內人們的胃與精神。

天上聖母

媽祖俗稱「天上聖母」，是府城普遍的民間信仰神明之一。

這個稱號是晚近一點才出現的。有個說法認爲，那是從「天后聖母」衍生而來。西門路上，有一座潮州人在十八世紀初期建立的三山國王廟，側殿供奉媽祖，門口還留著「天后聖母」字樣的門額。

「天后」的名字，至少在十七世紀晚期就在民間被廣泛使用。天后聖母，以及現在媽祖廟常用的「天后宮」之名，都源自於它。而在此之前，媽祖則常被稱作「娘媽」或「天妃」。

從部分文獻的記載來看，媽祖之所以從「妃」晉級成「后」，似乎跟一六八三年施琅帶兵攻打台灣有很大關係。施琅也確實將媽祖推入寧靖王朱術桂的舊府邸，建立起大天后宮，並成爲城內規模最大、地位最高，官方色彩濃厚的媽祖廟。

然而，不只大天后宮、甚至也不只媽祖而已，天上聖母的名號還留下了許多故事，縈繞在這座城市的流轉歲月裡。

湄靈肇造

成功路與西門路交會口附近巷子裡，隱匿著一座媽祖廟，府城人慣稱「小媽祖宮」。「小」的稱呼，是相對於官方創立、且建築格局大很多的「大媽祖宮」，也就是大天后宮。

以前，小媽祖宮位處在熱絡的米街，即今天的新美街。再把時間軸拉到更早、連米街都還沒形成時，這裡就跟赤崁街一樣，是在浩瀚的台江海邊。陸上有條名叫「德慶溪」的河流，從東邊蜿蜒流來，最後在這裡入海。因爲是河流尾端處，這

小媽祖宮的「湄靈肇造」匾額，至今仍懸於正殿之上。

一帶被人們稱作「水仔尾」（chúi-á-bóe）。

至少在十七世紀晚期，水仔尾就是府城海邊的重要據點。這裡有修船廠，有小媽祖宮，也有泉州人蓋的保生大帝廟元和宮、潮州人蓋的三山國王廟。這處岸邊，當初也許是人們與船隻頻繁往來的熱鬧街區吧。

在這個脈絡之下，在府城人的記憶裡，儘管記不得它到底是哪一年蓋的，但大家仍然覺得小媽祖宮是一座歷史悠久的寺廟。直到十九世紀初期，開始有人試著想把小媽祖宮的創立時間講得更清楚一些。

一八〇七年，在官府編修的《續修台灣縣志》裡，就給了小媽祖宮一個肯定的說法：「始初廟祀也」，意思是「最早開始拜的廟」。也是在差不多的時間，三界壇街的大紳商林朝英，用他擅長的竹葉體書法，爲小媽祖宮題了一道「湄靈肇造」的大匾額，至今仍懸掛在正殿上方。

「湄靈」兩字，意思是指起源於湄洲的媽祖信仰；而「肇造」兩字很直接告訴大家：這是媽祖香火的始源之處。

就在那一陣子，其實府城人才剛經歷過一場海上大戰，暫時鬆了一口氣而已。

對抗海賊王

一八〇六年初夏，王得祿等人所率領的官軍，以及府城三郊所募集的義勇軍，於鹿耳門海面上，聯合迎擊了當時帶著「鎮海威武王」頭銜呼嘯海面、一直襲擾府城的海賊王蔡牽艦隊。這場交戰結果是蔡牽大敗，逃離鹿耳門，官軍與府城市民贏得一場大勝利。

由於交戰當時有颱風來襲，風浪對蔡牽艦隊造成不小衝擊，官軍卻沒有什麼損傷。嘉慶帝覺得如有神助，於是派遣官員到沿海各媽祖廟上香，代爲祀謝。

在府城也有一波謝神活動。人們打造「軼倫超羣」的大匾額，奉獻給祀典武廟的關帝爺。升官的王得祿及許多城內商人們，共同捐錢重修三老爺宮。

一八〇八年，以林朝英爲首的全城信衆，也獻上「慈慧」匾額給小媽祖宮；同樣是林朝英題字的「湄靈肇造」匾，可能也是同一時期的作品。似乎就趁著擊敗蔡牽、官方民間都在酬謝媽祖的時候，小媽祖宮鞏固了「初始」的地位，還讓官方的史書記載下來。

今日，小媽祖宮依然座落在水仔尾原來的位置上。來到成功路口，往北轉進自強街，就可以見到那小而細緻精巧的殿宇。

步入廟內，就能望見正殿中央神龕內金光輝熠的鎮殿媽祖像，信衆稱祂爲大媽。而在鎮殿像正前方神案上，還供奉一尊軟身媽祖，那是二媽。

長久的香火煙薰之下，二媽的面容烏黑，但掩不住原本平靜雍貴的面容。不同於整尊雕好、姿勢定型的硬身神像，二媽是四肢關節都可以活動的軟身神像，所以祂的雙手，是被平穩地安放在胸前木架上。

信衆與廟方相信，這尊二媽是歷史悠久的「萬曆媽」。「萬曆」指的是十六、十七世紀交會時中國皇帝明神宗的年號。

因爲萬曆媽不方便移動，二〇〇八年，廟方另外雕了一尊新的粉面神像作爲副

小媽祖宮供奉的二媽「萬曆媽」。

駕，幫萬曆媽負擔出巡的任務。副駕佩戴信眾奉獻的飾品：頸上有珍珠項鍊，手持真品 LV 名牌提包，十分吸引大家的目光。

萬曆媽與另一尊在一六四一年於湄洲雕造的五媽「崇禎媽」，共同支撐著小媽祖宮創建，以及府城媽祖信仰源頭的歷史記憶。直到今日，小媽祖宮還擁有「開基天后宮」或「開基天后祖廟」的名字。

「開基」常見於府城寺廟的廟名，意思是「開立基業」。這兩字背後，也許隱約藏著人們生活與信仰的足跡，以及一段府城對抗海賊王的故事吧。

天上聖母瑪利亞

然而，在城裡，用到「天上聖母」寶號的，不只媽祖而已。

在開山路上，有一座擁有濃厚中國北式宮殿建築色彩的天主教堂，依偎路傍翠綠稀疏的金龜樹下，名爲「中華聖母主教座堂」。

一九六一年，天主教教宗將台南、澎湖地區獨立爲「台南教區」。來自中國湖南、日後曾任輔仁大學校長的羅光，擔任這個教區的第一任主教。在他籌劃之下，教會買下前市長「珪仔舍」葉廷珪在開山路的舊宅，於一九六四年建立新的天主堂。

它的建築形式並非歐洲古典風格，反而盡是綠色琉璃瓦、紅色柱格扇，以及各種絢麗的旋子彩繪，都是中國北式宮殿的裝飾元素。在友愛街的葉石濤文學紀念館旁，有一座落成於一九六五年的「聖波尼法天主堂」，也有相似的風格。

這種風格與當時教會的「本地化」傳教策略有關，是跟「本地」風格相互融合的結果。不過這個「本地」指的並不是指台灣，而是中國。

一九四九年底撤退到台灣的中國國民黨政府，爲了強調自身政權的正統性，在台灣宣揚與複製一連串「中國正統」形象。大約一九五〇年代中期開始，台灣就陸續出現中國北式宮殿風格的新古典主義建築。這類建築，強調的是源自中原舊都的樣貌。

在天主堂建起之前，對面的延平郡王祠，剛拆除了它原本福建風格的舊建築，由成功大學教授賀陳詞設計，改建爲中國北式宮殿風格。這嶄新面貌帶給羅光一些啓發，並反映在新天主堂的外觀上。開山路這兩座建築都走這般宮殿風，彷若照鏡互映，展現戰後初期來自異境他方的新面容。

走進門內，連綿的紅柱與格窗，引領進堂者繼續朝向正中央盡頭的祭壇。壇上，有一大片彩色小瓷磚拼貼的馬賽克壁畫。畫中描繪了頭戴王冠、身著皇袍的聖母瑪利亞，身旁還有位王子扮相的小耶穌。光線自八卦形狀天井往這裡灑下，得見兩邊掛有「慈母心腸垂憐眾生疾苦」、「聖子體血養育信者靈魂」的對聯，正上方則懸著「天上聖母」的匾額。

這個壁畫的圖像，源自中國河北東閭的聖母教堂。一九〇〇年，東閭遭義和團群眾攻擊時，相傳有聖母顯靈協助。待事件平息，村民在教會帶領下，建立一座紀念聖母庇護的教堂。日後，教會參考慈禧太后照片，製作出一幅雍容華貴的聖母像，即是圖像中聖母穿戴王冠與皇袍的緣由。而這畫像後來也成為各地教會仿繪「中華聖母圖」的典範。

除了祭壇的畫像，在天主堂外還立著另一尊「中華聖母」雕像，落成於一九七六年的母親節，由任教成功大學建築系的水彩畫家、江蘇人馬電飛設計製作。這尊聖母穿著長袍、梳起髮髻，雙手懷抱嬰孩，與祭壇的畫像又長得不太一樣，反而像勤樸持家的仕女，但同樣擁有母親的形象。

作爲耶穌之母，瑪利亞在歐洲的形象，本來就擁有悲憫與慈母的相貌。在這個基礎上，中華聖母受到晚清慈禧太后照片影響，發展出特有的畫像姿態。戰後，來到府城的中華聖母，在本土化傳教原則與特殊政治情勢中，也被塑造出想像之下的近

開山路「中華聖母主教座堂」祭壇牆上的聖母壁畫。

代中國傳統女性形象；而在堂內，又與台灣本土媽祖共享著「天上聖母」的寶號。一個聖母之姿，彷彿是世界近代史盡歸其中。

女神眷顧的城市

媽祖信仰源自中國華南沿海一帶，跟人們的海洋活動密切相關。可能至少在十七世紀，祂就隨著華人的海外足跡，從波濤大海踏上台灣這塊土地。府城因此有了很多媽祖廟。而且不只媽祖廟才拜媽祖，其他的廟也經常會配祀媽祖。有特定人群籌組的神明會拜媽祖、家裡神案上拜媽祖、航海的船上也拜媽祖，城內處處是這位海上女神的蹤跡。

天上聖母——媽祖或瑪利亞——也不是城裡唯一受到禮敬的女性信仰對象。香火同樣鼎盛的觀音媽，照育婦幼的七娘媽、臨水夫人、註生娘娘，原本也是市民、而後受奉為神明的辜婦媽、黃寶姑，也在這裡眷顧著市民。

因為有不同歷史與生活的變化，使天上聖母「們」，以及不同的女神們，雲集在這座城市。如此受女神眷顧，是緣於這座城市獨特的時空因緣吧。

小巷子

府城的巷弄裡，藏著很多老房子。它們大多維持往昔傳統屋宅的模樣——斑駁的白灰壁、溫潤的紅磚牆，帶著動感曲線的馬背與紅瓦斜屋頂等。如果有寺廟座落其中，繁複華麗的屋頂，則會讓靜謐的巷弄跟著舞動起來。

現在筆直又寬大的道路，是日治時期實施都市計畫的結果。在這之前，人們走的路，是這些藏在街廓裡的小巷子。因此，街巷空間，是府城韻味最深的所在。

我喜歡在漫步小巷子的時候，多撥一點視線給眼前的道路、建築、電線桿、地板、古井、植栽、牆頭草，以及古牆上頭磚塊彼此砌接之間那一痕痕的縫隙。它們的線條，好像在勾勒著只有這個地方才有的節奏。

台灣的羅馬

一九二〇年代，畫家石川欽一郎已經醉心於府城的巷弄。跟現在大部分人喜歡用「台灣的京都」來稱呼府城不一樣，他將府城以歐洲另一座古都比擬，「台灣的羅馬」。

當時的石川拿著簡便畫具，穿梭在府城街道中速寫街景。當中一幅，是水仙宮側面矗立於看西街尾的景象，名爲「溢滿於狹窄街道之中的寺廟秋陽」。畫中，幾道水彩的淡抹，勾勒出纏繞著一種特殊氣息的生活空間。然而不論是京都或者羅馬，那些繞指髮絲般的小巷，正是這座古都生長了三百多年的結果。

府城的街道，一開始，先有一條橫向、一條直向的路，相交成十字，那是主要幹道，也是城內市街發展的起點，被稱作「大街」或「十字街」。現在它們分別是東西向的民權路，以及南北向的忠義路；而十字交會路口，就在國花大樓前方。

三百多年前，這條十字大街已經是「街界四坊，百貨所聚」——雲集了各路商家與四方貨品的商業市街，甚至是府城四個「坊」的分界中心。

「坊」是鄭氏軍隊統治時所劃的分區，有「東安」、「西定」、「寧南」、「鎮北」四坊。市區內，有時會看到「某某坊文化園區」的標示牌，典故就取自於此。

「坊」字代表了人們居住的街廓。當十字大街形成了，四邊街坊與其他道路也依著延伸發展開來。像是「橫街」——現在的永福路，「新街」——現在的民生路，都是比較早形成的道路。一直到十九世紀晚期，府城至少已經發展出兩百多條街道。

到了日治時期，當局在舊城區劃起新的道路，方方正正的街廓也跟著出現。然而，舊城的街區紋理，其實還保留並隱藏在這些新街廓之間。

跟都市計畫下所形成的現代道路不一樣，這些舊街道是渾然天成、自由伸展而成。走在這些巷弄裡，總有柳暗花明的蜿蜒趣味。

而這就是人們用腳走的、生活於其中的，這座城市原本的空間尺度。

赤紅之城

在小巷子裡，有時可以看到一些古磚塊被拿去墊花盆、壓蓋子、當踏腳石。這種稱作「甓」（phiah）的紅磚，是在中國閩南地區常見的建材。在台灣，可能也只有府城才能看得到這麼多的紅甓磚。

甓磚有獨特的外形，跟現代磚塊長得不太一樣。常見的現代磚塊是標準磚，長寬比例接近二比一，邊線平直銳利，表面平整；而甓磚比例接近一點四比一，比標準磚大塊很多，表面不均勻，而且因爲歷時悠久，邊角幾乎被磨損成圓弧狀了。

府城往昔的房屋，大多是用這種甓磚蓋外壁，再以木作來構築室內空間。外壁的部分，是以沙土、蚵殼灰作爲黏著劑，將磚塊疊砌而成。但是，不同的經費與工法，會有不一樣的磚牆形式。若財源充裕，可以將磚塊一層層厚實地疊起來。這個方法大多見於寺廟，以及名門大戶的宅邸上，只不過需要耗費數量可觀的磚塊。

較多的房屋，則是使用「斗仔砌」的方法。它先用少數的磚塊，砌成一個中空狀的箱函，再把沙土塡塞到裡面。這個方法既能節省成本，也因爲牆面有不一樣的線條變

一整片斗仔砌磚牆，將祀典武廟附近的這條小巷照得通紅。

化，可以增加美觀。

在城裡，曾經滿是這類的「紅瓦厝」。自中國而來的官員或文人，曾經以「甓如塗丹」、「朝曦夕照，若虹吐，若霞蒸」，甚至「絳雲火織張海國，燒空滅盡青銅色」的文字，來表達他們對這個景觀的深刻印象；甚至藉文發揮，認爲「赤崁」地名的「赤」字，講的就是這片赤紅城景。這成千上萬個甓磚，就是將城市光景暈染成紅的重要元件。

一九二八年，廖繼春的畫作「芭蕉之庭」，獲選入第九屆帝國美術院美術展覽會，是繼陳澄波之後，第二位進入上野公園內東京府美術館參展的台灣畫家。而這幅畫，是廖繼春來到府城任教於台南長老教中學時，描繪城內劉瑞山家族其中一座古厝的庭院。

在畫中，陽光篩透了濃綠的香蕉樹蔭，繼而滲潤在庭院裡房屋的紅壁、牆角的石板條，以及院內每個人與土地上。在這氳煦光影相互交錯及映照之間，靜謐的南國氣息，就從畫布表面悄悄散發出來了。若是親身走在往昔這座赤紅之城的街巷與庭院裡，或許就會有這般感受吧。

隨著都市變遷，這道城市的紅潤色彩，已經慢慢消失。老建築不斷被拆除，這些古磚塊也隨之解體，散落在城市各個角落。

不只甓磚，有著類似命運的，還有長條狀的石板。它們大多是花崗岩打造而成，平滑而堅固，往昔多作爲房屋地板，或者街道路面的鋪石，讓步道更加好走。在更之前，它們則是作爲船舶的壓艙石，讓船隻在海上航行時更加平穩。

在小巷子裡，經常這裡一磚、那裡一瓦，到處散落著百餘年的事物。而漸漸的，它們沉澱在現代都市記憶的最深層，一點也不起眼。

渡海而來的壓艙石條，在小巷路邊很常見，但已很難引起注意。

巷路之謠

在日本京都，流傳著一首唱著街道名字的童謠。歌詞第一句，就唱「丸竹夷二押御池」，裡頭包含了由北而南排列下來的丸太町、竹屋町、夷川、二條、押小路、御池等六條東西向街道的資訊。京都人靠著這個歌謠，記誦著他們習自長安城棋盤式街道的平安京市街。

也許世界上的市民們，都會有想要這樣便利地記住城市空間的需求吧。在府城，也曾經流傳過一些對句諺語，它所吟誦的就是城內的街道巷路。

像是有這麼一句——「四嫂腳揹金葫蘆，直進嶺前拜上帝」。

「四嫂」指的是「四嫂巷」，一條位在民權路與青年路交會口旁邊，現在是民權路一段一九九巷的小巷弄。四嫂也許是某位女士的別名，只是時光荏苒，已經無法得知她曾經有過什麼樣的事蹟，可以讓一條小巷因她而得名。

從四嫂巷走到民權路口，往右是「金葫蘆街」，往左則是「嶺前街」。這兩條街現在是民權路的一部份，只是不同段有不同的名字。

「金葫蘆街」——它有另一個名字叫「元會境街」——既是商店繁盛之地，也因爲街上座落著古老的東嶽大帝廟，吸引了與祭祀有關的產業聚集於此。金葫蘆的意思，即可能源自以前店家們所懸掛的葫蘆形狀商標或招牌。

今日，各式各樣的佛具店、禮儀社與糕餅舖，仍然鱗次地並列路旁，在這當中，不乏年代久遠的老店舖、傳承工藝技術的職人，以及各種過往故事。

像是東嶽殿旁邊的洪家，曾經世代任職「道司」，那是一個由官府設立、擁有品級的職位，負責主持城內道教事務。日治以後，洪家改經營糊紙業，供應法事用的紙紮器具，一路傳承到現在的左藤紙藝社，店主依然保有精湛巧藝。

至於「嶺前街」，是鷲嶺山丘旁的街道。沿著嶺前街一直走，經過枋橋頭、打鐵街——也都是現在的民權路——就會抵達位於鷲嶺山頂上、主祀「上帝公」玄天上帝的北極殿。

所以「四嫂」這段句子，其實是把四個城內市街地名，串成一道饒富趣味的念辭。跟這句可以成對的，還有另外一句，念做——「七娘手提紅布袋，轉入竹行拜觀音」。

「七娘」指的是「七娘境街」，是民權路上台南公會堂旁邊的小巷。會有這個名字，是因爲它位在七娘媽廟開隆宮旁。

七娘境街有南、北兩端。南端接著現在的民權路，那裡以前稱作「紅布袋街」；而北端則接上民族路，以前稱作「竹仔行街」。

沿著竹仔行街往西走，經過民族路與公園路交會處——叫做番薯崎的地方——就可以接上「觀音亭街」，現在名叫觀亭街，是現在市區裡少數跟老地名相同的現代路名。沿著觀亭街直直往北走，就會到達主祀觀世音菩薩的大觀音亭。

這四句府城俗諺，記載著往昔的市民，如何走著他們所生活的城市路徑。

老府城的感覺

出生於高雄的日本作家新垣宏一，在台北帝國大學畢業後，來到台南第二高等女學校任教，位置在今天南寧街上的中山國中。

新垣受到佐藤春夫《女誡扇綺譚》中深刻描寫台南城區氣息的影響，在台南生活期間，他非常喜歡徘徊於府城的古街巷道，追索這些巷道背後的故事。

他曾發表多篇以台南爲主題的文章，包含一九四一年《民俗台灣》雜誌的隨筆〈露地の細道〉（街區小徑）。文章裡，他沿著元會境、狗屎巷、林朝英舊宅、帆寮街、大銃街、大井頭等地，徜徉在還留著點昔日風華的舊城角落之間。

現在的府城巷子，自然是跟新垣那時探索的風味不太一樣了。然而，我覺得相較於大馬路上頭的街景，還是走在寧靜的小巷裡，看著窄小空間裡藏著什麼廟、房子、招牌，才能體驗到老府城的感覺。

老府城的感覺，往往還藏在小巷子裡。

城牆

百餘年前，曾經有一道長長的城牆，以及幾座高聳的城門，把這座城市整個包圍起來。

用圍牆包住城市的形態，稱爲「城牆都市」（walled city）。北京、京都、首爾、巴黎、倫敦、羅馬，現在世界上許多城市，往昔都曾營造城牆都市，以提升對抗外來侵襲的防禦力。台南也是其中之一。

台南城牆的格局與規模，是台灣史上最大的。不過，它早已消失了，現代府城人沒有在城牆裡頭生活作息的經驗。

然而，府城生活的最大特色，就是它是來自於悠久歷史的累積。即使沒了城牆，「城」的意象還是一直存在於府城人的生活中。因而直到現在，「府城」一詞還繼續用來代稱台南。

蓋城

回溯昔時。這裡原本是一處位於赤崁海濱的市鎮，裡頭有市街、店舖、碼頭，以及荷蘭人的城堡。

一六八四年，清朝設立「台灣府」，知府與道員、總兵等主要官員的辦公衙門，都座落在這個市鎮裡，人們因此習慣稱作「府治」或「郡治」。

一七二一年五月，杜君英與朱一貴率領部眾攻佔府治，朱一貴還拿戲班的黃袍跟通天冠穿在身上，在此登基稱王。然而，黃袍沒穿多久，一個多月後，南澳鎮總兵藍廷珍、福建水師提督施世驃，隨即率領官軍跨海前來奪回府治。

府治被攻陷，讓官員開始檢討蓋城的必要性，因而在一七二五年，正式興建了一座環繞市鎮的「城」，「府城」之名因此而生。只是，這座「城」相當簡陋，城牆並不是高聳的磚牆，只是用木條搭蓋的柵欄。

即使簡陋，它仍花費了不少人的心血，特別是對主持工程的台灣縣知縣周鍾瑄來說，則更是心酸。爲了建城，他用盡名目，四處籌措經費；而這些經費，大部份是公庫以外的錢。因爲這個把柄，他被捲進了官場互鬥的糾紛，最後還丟了烏紗帽。

日後，這座城還有些增建修補，但大致就以柵欄，以及後來補種的莿竹、綠珊瑚等植物，撐過六十餘年的時光，甚至還抵擋住一七八七年林爽文部眾的圍攻。

林爽文事件過後，乾隆帝批准了改建府城的計畫。當時的知府楊廷理，與府城在地士紳一起合作，以兩年多的時間，在原來柵欄城牆的基礎上，重新蓋起總長八千多公尺的高聳三合土城牆。

十九世紀的張丙動亂之後，府城還繼續擴建，最後形成了城牆總長超過一萬公尺、擁有十四座城門的大城。

台南女中後方這道高聳的城牆，以前守護整座城市，現在守護校園。

拜府城

在府城隍廟裡，裊裊絲煙，還輕輕迴盪在幽暗殿宇之中。

城隍爺就正坐於廟殿中央神龕，前方擺著案桌，桌上有各種文房用具。案桌兩側，各立文、武兩位判官，以及作為行政幕僚的二十四司。再更前方，還有七爺、八爺兩位差役，分立門前。

若說「城隍」這二字的原初概念，其實來自城牆與護城河。人們拜城隍，可說就是在拜城牆，以及背後所延伸的——自己城市的管理者與守護神。

因此，久而久之，城隍爺的形象，就跟地方官員聯結在一起了。也使得城隍廟的格局，好似古代衙門般開闊；而城隍爺自己也像地方官員一般，不僅擁有幕僚差役，本身也有官員品級、封號、轄區範圍。

不一定得有城牆，才會有城隍爺。在府城，兩座歷史悠久的城隍廟——府城隍與縣城隍，都是在建城之前就出現了。

青年路上的府城隍廟，位在台灣府衙旁。廟裡的城隍爺，封號「威靈公」，執掌的轄區，就是人間的台灣府。

府城隍與隔壁的知府，號稱陰陽分治。每任知府新官上任前，都得先來廟內上香。每一年官府會編列維修城隍廟的預算，也會安排祭典。知府或道員等官員，會在祭典中向城隍爺報告府城當年度的事務，甚至包含錄取的秀才，以及要判決的罪犯。

拜縣城

至於縣城隍廟，則位於成功路上的成功國小旁。廟裡的城隍爺，封號「顯佑伯」，執掌的轄區是人間的台灣縣。

台灣縣隸屬於台灣府，管轄今天鹽水溪到二仁溪之間的地區，縣衙就座落在府治。因為位於首善之區，今日的縣城隍廟，仍在使用「全台首邑」的名號，縣城隍爺也還在執掌「台澎城隍之印」。

「台澎」二字，指的是台灣跟澎湖。這是相當古老的轄區概念。

一六八四年起，澎湖隸屬台灣縣管轄。一七二七年，澎湖才脫離台灣縣，獨自成立一個行政單位「澎湖廳」，也有自己的城隍廟。

所以，那顆「台澎城隍之印」也許沒有跟著當時的行政區劃調整而更新；不過，這可能也代表台灣縣的城隍爺，還在繼續盡責地跨海守護自己原本的轄區吧。

這般盡責不只存在於印鑑之中，還可以在府城的普度活動裡看到。

農曆七月，府城寺廟都會舉辦普度儀式。然而大家並不會全擠在中元節，而是會各自排開日子、分別舉行，直到今日依舊如此。

究其原因，雖說是要讓好兄弟每天都能吃喝，是個充滿人情味的考量；但另一方面，也是爲了避免大家擠在同一天普度，造成供貨的龐大壓力，以及市場因物價急速上漲而失序。這套輪流普度的默契，是往昔城內維持秩序的辦法之一。

在這個排班表中，縣城隍廟的普度，總是最後舉行的。七月鬼門關之後，縣城隍廟也會接著抬轎出巡，到城內各地進行暗訪夜巡。這是爲了巡視與確認有沒有好兄弟還繼續流連在外，以確

七月終了，縣城隍廟張貼榜文，受理申訴冤情。

保城內平安。每逢三年，縣城隍廟也會張羅公堂案桌，發布「天理昭彰，天律正明，台灣縣首顯祐伯令」的榜文，受理好兄弟向城隍爺申訴冤情的事務，這完全是傳統城市地方官員的職務展演。

其實府城的普度，也有延到八月才舉辦的。像是負責供貨的市場攤商，得等到七月高峰結束之後，才有空辦自己的普度，這個時序習慣，仍繼續流傳到現在。不過，縣城隍的壓後收尾，對於整個府城普度活動，還是有一種終告段落的象徵意義。

城隍爺的神職，其實是城牆都

古城牆至今還有一些殘跡，散落在巷弄或民宅中，被人遺忘。

市的縮影。當人們在拜城隍爺，或者透過各種儀式的舉行來讓城隍爺保佑城內平安，都是靈活地展演出城牆的存在性。

拆城

不過，眞正的實體城牆，卻是面臨了倒下的命運。

直到一八七四年，這座城其實仍在進行大規模的整修。但進入了二十世紀之後，在日本政府新的都市規劃下，它開始逐漸消失。

最先消失的，是西城牆與大西門。它們被拆除之後，原地成爲一條筆直而寬闊的道路，一部份路面還鋪設了台車軌道，兩端連通台南火車站與安平。若要說輕軌，早在二十世紀初期，府城就有類似的東西了。而這條道路，日後成爲西門町的主要幹道，也就是現在西門路的前身。

緊接著，位於現在成功大學校園內的東北城牆、小東門，台南公園內的北城牆、大北門，台南大學附小內的南城牆、小南門等等，也跟著依序消失了。原來的地點，大多規劃爲道路、公園與學校。

原來的城牆，盡化爲石材、磚塊、三合土等舊料。當局將舊料重新利用，有的拿去蓋新的陸軍營舍，有的則拿去填平南河港的舊水道、城西的魚塭或沼澤等地。

就這麼來看，昔時的碩大城壁雖然倒下了，但也一一化爲營造新市區的基底養分。

殘城

脫離了城牆的拘束，府城的市街開始往外擴張，因此形成現在台南市區的雛形。然而，除了被劃爲圓環的大東門、留在公園內的大南門、仍位於巷道間的兌悅門，以及因爲被搬到東邊異地保存，所以陰錯陽差地跟東城牆湊在一起的小西門之外，府城的城門，現在都已經不存在了。

至於城牆，在一些公園，以及不太起眼的街巷角落裡，其實還殘存著零星的舊城牆遺跡。

像是在台南女中後方的樹林街上，留有一大段南城牆。在勝利路上、成功大學光復校區裡，也留著一段東城牆。這兩段舊牆，因爲恰好被當作圍牆，使它繼續保有牆壁的功能，因而倖存至今。

另外，還有一些小段落，遺存在各個巷弄的牆壁底下。台南一中校園裡有段舊牆，藏在西邊校園圍牆下方。東區的光華街上，也有一段舊牆，作爲民宅的圍牆。公園北路巷子裡有段舊牆，至今仍然作爲居民房屋的牆壁地基。

有些舊牆，則是像是廢土堆一般，絲毫不起眼，也很少人有知道。像是在台南公園裡，有一段藏在沙土裡的舊牆腳，若隱若現，圍繞在燕潭邊。特別是在湖邊一株老茄苳樹下，原本還留著一塊方形平台；不過，在二〇一三年，市政府工務局不認識它，因此在清理老樹周邊環境時，將這塊台基全部剷平了。

然而可能還有一大部分的舊城，是肉眼看不到的，也就是埋藏在地底之下。二〇〇九年，成功大學曾在校園裡進行考古，將埋藏在地底下的小東門基座挖掘出來，重見天日。

既深埋又漂浮之城

在舊城區裡，有許多零星散落的城跡。畢竟這麼大一座城，要徹底剷除，也是相當困難的事吧。

然而，時間荏苒、代換代異，現在的府城人，已經不太會注意到這些舊城跡；就算看到，也可能不會感到太大興趣。就好像是在電影《古墓奇兵》裡頭那片爬滿樹根的吳哥窟一般，深埋在叢林深處，彷若遺世。

因爲如此，在街區裡尋覓舊城跡，總有一種遊走在叢林秘境中的感覺。只是這片秘境，是埋在水泥叢林裡，以及人們記憶的浩瀚深處。

可是，城的意象，其實還是很顯而易見的。「府城」之名，依舊響亮；城隍香火，仍然持續。

而走到路上，有東門路、西門路、南門路、北門路，以及小東路、小西腳碗粿、小南排骨便當、小北夜市。各大城門、各條城牆，已轉爲市民每日要走的道路，以及化爲餵飽大家肚子的美食點心。

這片舊城，既是深埋其中，其實也隨時浮現於大家的生活之上。

喜鵲

有些城市會挑選一種鳥類，作爲自己的代表象徵。日本的東京，依據平安時期古典詩歌《伊勢物語》的描述，將百合鷗（紅嘴鷗）指定爲都鳥。中國的北京，也選了長久棲息在北京城內的雨燕作爲市鳥。這些鳥之所以被選定，往往因爲牠們與當地歷史文化息息相關。

府城所在的舊台南市，在二〇〇五年也選定了市鳥，當時由「喜鵲」來擔任。

二〇一〇年縣市合併後，透過票選

市區下水道孔蓋上，有著喜鵲棲息的身影。

活動，重新選定了新台南市的市鳥，是以漫步於官田、下營菱角田中優雅身姿而廣爲人知的水雉。喜鵲則就此退出市鳥的舞台。

不過，漫步在府城街區時，若留意腳下的路面，偶然還是會見到台南市污水下水道孔蓋上，鐫刻了鳳凰花、燕尾古厝屋頂，以及一隻獨立於枝頭的喜鵲圖案。

喜鵲曾被選爲市鳥，說明牠們對府城的意義，不僅是一個孔蓋圖案而已。府城曾經到處都有喜鵲的蹤跡，牠們本來就是府城的住民。甚至，府城可能是喜鵲祖先們在台灣生活的起點。

城內喀喀叫聲

喜鵲是鴉科的鳥，身姿深黑、長尾，但肚子跟羽翼部分是白色，特別是翅膀上還有一抹靛藍，看似身著西服的優雅紳士。不過，牠的叫聲沒想像中婉轉優美，而是喀喀喀大聲作響，正如學名「Pica pica」一般。

喜鵲原本廣泛分布於世界各地，但台灣原先似乎沒有。若是如此，台灣的喜鵲打哪來的？

一七七〇年代初期，任職海防同知的湖南人朱景英，在他的文集《海東札記》裡，曾經提過這樣的故事：當時的道員蔣允焄，看到台灣沒有喜鵲，於是從中國內地帶了一些喜鵲到台灣來野放。

這批野放的喜鵲，一度都不見蹤影，人們懷疑他們是否皆未存活下來，也猜測是不是因爲喜鵲越不過海。朱景英也在猜測喜鵲是否「土性不相習」，也就是水土不服。種種猜測，表面上在推敲喜鵲無法存活的原因；另一方面，其實也流露出當時來自中國的移民與官員，在水土不服的生活經驗中，對於台灣所抱持的異地想像。

事實上，喜鵲非但沒有在台灣消失，反而大量繁衍，成爲常見的鳥類，尤其是在府城。

十九世紀初期的《續修台灣縣志》裡，就說到喜鵲「今孳育，郡城多見」，才不是當年《海東札記》所說的連一隻都沒有。之後也來到府城的英國人郇和，同樣在府城看到非常多的喜鵲，甚至在北台灣沿山地區也看得到一些。一八六三年，郇和將喜鵲編入他的「台灣鳥類學」名單裡，於英國皇家鳥類學會的期刊上發表。

照這樣來說，以前府城的市街，會有些什麼聲音呢？也許有人們的交談聲、店舖匠人的工具打造聲、市場的叫賣聲、牛車運貨的車輪滾動聲，以及迴盪在屋宇與城牆間，喜鵲喀喀喀的清響叫聲。

移民社會的情緒

在歷史文獻裡，喜鵲在台灣的故事，大多從蔣允君放養的事蹟開始講起——雖然後來一些文獻，常把「蔣允君」誤記爲「蔣元樞」，成爲「蔣公子故事」的一部份。不管如何，牠們除了「喜鵲」(hí-chhiok) 這個名字之外，也因爲蔣公子故事，一度被叫過「蔣鵲」(chiú^{n}-chhiok)。

此外，老一輩的台語，還有把喜鵲叫做「客鳥」(kheh-chiáu) 的。也許人們一直很清楚，牠們是從海外來的，不是台灣本地的鳥兒。只是，讓人好奇的是，台灣的喜鵲眞的是蔣允君首先帶來的嗎？

十九世紀，府城有位名叫徐宗幹的官員，曾經描述他對喜鵲的感覺。

一八五一年秋天，洪紀、林鬧等人在今天官田、六甲一帶糾集群眾，舉旗起事。當時的道員徐宗幹，與總兵葉紹春合作，調動兵馬，很迅速解決了這場動亂。

翱翔在城市裡的喜鵲。

隔年，徐宗幹因這項功勞，獲得朝廷賞賜戴花翎；而前幾天，他就在庭院裡，聽到喜鵲們聒噪的叫聲。之後，他弟參加科舉，考中進士第三十三名，那陣子他也常聽到喜鵲的聲音。

對於這些現象，徐宗幹是這麼解釋的：

> 台地向無鵲，皆附船桅而來，或有人攜一雙至台而哺育之。不常見，見則必有喜音，或鄉人至。

他先說到，台灣以前沒有喜鵲，都是海上船舶帶過來的，因爲經常有人帶來養。這可能表示，就算蔣允焄曾經帶過喜鵲來府城，也不代表他是第一個這麼做的人。

或許，喜鵲早就以寵物鳥的身份，多次來

到台灣，是當時社會生活中一種習俗文化。

接著，徐宗幹又提到，如果看到喜鵲，可能會有好事要發生，或者可能有同鄉、親戚來訪。而他自己就有幾次類似的經驗。

在中國文化裡，喜鵲有「報喜」及「聯繫」的寓意，所以在傳說中，喜鵲被安排去幫牛郎與織女搭銀河橋。而在府城的寺廟裡，也常能看見以喜鵲爲母題的雕刻或彩繪。牠們經常被拿去跟梅花擺在一起，製作出一幅「喜上梅梢」的吉祥畫面。

有這般美好的寓意，再加上身處在海外異地的台灣，這「聯繫」的感覺似乎就更爲強烈了。徐宗幹認爲，若是聽了一兩天喜鵲 pica pica 的叫聲，三天內必然有親人朋友要從中國內地渡海而來，想必這些喜鵲是依著船舶，先飛到台灣岸上，來報平安的吧。

因此，喜鵲落腳於府城，帶給人們美好的景象，但似乎也有難以言喻的遠離感。城裡的人們，也許不想孤獨承受這種既細緻又複雜的情緒，所以就把這個情緒寄託在喜鵲身上吧。

少年葉石濤的愁緒

這樣的情緒，也曾遺留在府城作家葉石濤一九三〇年代初期的少年記憶裡。葉石濤記得，城內曾經有一處以喜鵲爲名、被喚作「喜鵲巷」的地方。

那是一條小街道，本來的名字，並不叫喜鵲巷，但他也沒講眞正的街名是什麼。對於一個當時還在念末廣公學校的孩子而言，那是什麼地方，不是他關心的重點。他只記得，那是台南孔廟對面的巷子，路口矗立著一道貞節牌坊，而相當照顧他的四叔，以及四叔的女兒——長他一歲的堂姐，就住在街尾。

依照他的描述來看，這條街，應該是今日的府中街，以前叫做「柱仔行街」。往昔，這是通往孔廟的主要道路，所以街上靠近孔廟大門前方，豎立了一道石造的「泮宮」牌坊，那是一七七七年知府蔣元樞爲了壯大孔廟的入口景觀而建立的。當年知府大人意氣風發的建築功績，百餘年後，在這位少年葉石濤因爲重度近視而迷濛不淸的眼裡，成爲了某某人家的貞節牌坊。

四叔家隔壁，是姓黃的大戶人家。黃家有位年輕的婢女，名字叫「喜鵲」，出身茄萣，讀過公學校。她與葉石濤堂姐弟的交情甚好，有時，喜鵲會指導他們做學校

府中街一景。葉石濤在此用喜鵲寄託一段細緻又複雜的愁緒。

的算術習題；有時，也會跟他們一同拿竹竿，在庭院裡打芒果。

喜鵲的存在，讓葉石濤對這條小街巷有了深刻的印象。堂姐弟倆，把這條街暱稱爲喜鵲巷。這個名字成爲他們對喜鵲的記憶與懷念。

喜鵲在黃家的生活，過得並不開心，甚至受到虐待。某天，她選擇逃離黃家，臨行前還送了一個小錢包給堂姐留念，這讓葉石濤堂姐弟頗感悵然。過了幾天，喜鵲的遺體就在台南運河裡載浮載沉，被人發現，打撈上岸。

一九八八年，葉石濤將喜鵲巷的記憶——這段懵懂少年時光的優雅與愁緒，寄放在作品〈石榴花盛開的房屋〉中的字裡行間。

流動與生根的縮影

同樣都是外來物，如果說，府城的梅花是貼近統治者與大歷史；那麼，喜鵲應該就比較貼近地方社會人們生活與情感的縮影。

喜鵲跨海來到府城，算是「外來種」；但也有人認爲，牠們已融入本地生態，成爲台灣常見的留鳥，更合適的歸類應該是「歸化種」。

在這塊土地上就此繁衍生息的喜鵲，持續被人們視爲美好、幸運之鳥。而較少人注意到的是，牠們也幫忙背負著移民社會的異地感，以及長久以來城市人們的各種纖細情緒。

隨著舊城區的都市化，今日在城內，已無法像往昔一樣，還能頻繁看到喜鵲蹤跡了。不過，在市區近郊，像是安平、億載金城一帶，偶爾還是看得到許多棲息的喜鵲。牠們成爲評估現代都市生態環境品質的指標之一。

喜鵲這樣跟隨著人們足跡，四處流動，繼而在新天地生根繁衍。這本身就很像是移民的縮影了。

榕樹

在我房間的書櫃上，放著一顆榕樹的樹皮切塊。

它原本是孔廟裡一棵大榕樹的一部份。切塊上的每個平面，因爲位置不同，狀態也不太一樣。它們分別述說這棵樹不同階段的狀況。

原本的樹皮，表面粗糙，深沉斑紋之間，略帶點點蒼白，這原是大家最常看見，那粗大的樹莖外貌。

而樹皮底下，是淡棕色的樹木內層韌皮部，這裡有兩個切面。有一面，俐落而平整，這是被鋸子一刀橫斷的結果。而另外一面，表面粗糙不平，還帶著一些凸出的纖維，這是被凹折拉扯的斷痕。

這兩個被鋸與被折的切面，是它生命終結的痕跡。

二〇一三年八月二十日上午，市政府僱工，出動機具，將這棵位於大成門廣場正前方、因爲罹患褐根病已久而被判定藥石罔效的老榕樹，一塊一塊鋸卸下來。

隔天，彷彿是爲老樹哭泣似的，台南的天空下起大雨。我撐著傘，凝視那堆靜靜躺在滂沱雨水中的殘塊，然後在木堆裡頭，拾起這顆老榕樹的小木塊。

身影

如孔廟榕樹這般衆多翠綠又巨大的身影，曾在府城時光中穿梭往來。

桑科的榕樹，廣見於亞熱帶地區。以榕樹而聞名的城市，像是福州省城，自古即有「榕城」的美譽。它們也曾成爲府城顯眼的街景，並且留下不少紀錄。

鋸卸滿地的孔廟老榕樹，是生命句點的姿態。攝於二〇一三年。

如前面所說，在武德街上的府衙後花園裡，除了傳說中的鄭成功手植梅花，還有其他植物，最特別的是有三株古老的大榕樹，不僅枝葉茂密，鬚根還彼此盤繞錯節，交織出一片橫如樑柱、縱似屏風般的樹根牆。

據說，人們可以循著它結實的根塊與樹莖，登階而上。若樹如仙的姿態，讓當時的人為它取了「榕梁」、「仙梁」、「榕屏」、「榕橋」等稱號。

不知道什麼時候，有人在樹旁蓋了涼亭，名叫「四合亭」。一座亭子，與一叢交錯纏綿的榕樹，成為府衙後花園的奇景名勝，並以「四合仙梁」之名廣為人知。十八世紀初期的巡台御史楊二酉，為這景色寫了一首詩：

誰將玉斧斵仙榕，露葉雲根影萬重；
疑是銀橋天上落，不因風雨作神龍。

傳說，龍在興雲致雨之際才現身；但楊二酉卻說，這萬根仙榕，就像是穿梭雲影的天上銀橋，而今降落於地面上，讓他即使在無風無雨的時刻，也像見著了神龍。透過這樣的比喻，楊二酉傳達了他心目中這株仙榕的奧妙姿態。

一七六五年春天，那片後花園破舊荒蕪，當時的知府蔣允焄因而特地出錢整修。也許是一種文人間跨越時空的共通憂鬱吧，蔣允焄引用宋朝蘇軾一首〈和子由澠池懷舊〉詩句裡那漂泊無常、偶留痕跡的「雪泥鴻爪」之喻，將整修完工的花園，命名爲「鴻指園」。

中國官僚遠從內地來到「海外」台灣任職的足跡與心情，就寄寓在這座庭園以及園裡的榕樹之上。人與樹的對話背後，是一段既短又長的時空距離。

倒下

一八〇五年，知府慶保持續引用三株古榕的典故，爲鴻指園旁邊的房間，揮毫題下「三來堂」、「榕蔭堂」的匾額。但是，在相近時間的古書裡，卻已經記載仙榕「今已改易，榕亦失其舊」。似乎，當時仙榕已經不在庭園裡了。

這般糾結穩固的老樹，也會有消失的一天呢。原因雖然還不太清楚，但老樹也像人，在日常生活當中，同時面臨著許多不確定的意外，以及有限的生命。

若不像台南孔廟的榕樹染病枯竭，外來的天災，也常是老樹的危機。二〇一五年八月，蘇迪勒颱風猛烈拂過府城，舊城區老樹受災嚴重，成功大學榕園裡的巨碩老榕，也禁不起強風暴雨，自樹幹中間應聲撕裂，狼狽倒地。

榕園這一帶，原本是府城東北角的城邊曠地，除了一座小觀音亭廟以外，沒有什麼居民。一八七四年，在外國技師協助下，小觀音亭跟小東門之間，蓋了一座火藥庫，存放當時剛採購的西式槍砲火藥。這是沈葆楨籌防工作的一環，也使得這裡成爲軍事重地。

日治時期，這裡由軍隊接收進駐，再成爲步兵第二聯隊的永久營區；戰後，持續由國軍進駐，稱作「光復營區」。

當時，部隊有位士兵，隨著一九四九年中華民國政府的大撤退而移駐至此。他跟同袍學習二胡，總是在團部營舍——現在的歷史系館，拉起一段嗚咽有如泣聲的弦音，藉以抒發離鄉之情。後來，士兵以這段往事，爲自己取了一個筆名「瘂弦」。這片榕樹與草地，就有著詩人瘂弦年輕時千里跋涉至此的足跡。

一九六六年，國防部將光復營區撥交給成大，百餘年的軍事重地，就此轉變爲年輕學子快意穿梭的校園；至於校園名稱，仍然承襲軍營時期的名字，被稱作「光復

台南孔廟曾經擁有一整片綠蔭穹頂，近幾年卻一一病塌，這個畫面不知何時才能恢復。攝於二〇〇九年。

校區」。近年，校方有意把名字改稱「榕園校區」，但對學生跟居民而言，大家還是「光復」、「光復」地叫，還改不太過來。

榕園裡，有三株巨大的老榕樹。其中以正中央那棵的樹幅最廣最高，且因爲曾經是竹南蔡氏兄弟的國泰集團標誌，最爲大家所熟知。

一九二三年，日本帝國皇太子裕仁親王——即日後的昭和天皇，來到台灣進行「東宮行啓」的訪問活動。四月二十一日上午，他巡視了步兵第二聯隊營區，最後在操場正中央，種下這株榕樹的幼苗。這株榕樹至今依舊挺拔，就是現在正中央最高的那棵。日後，裕仁親王的弟弟們：二皇子秩父宮雍仁親王、三皇子高松宮宣仁親王，也陸續前來訪問，並且也都在這裡種下樹苗。不過在颱風中傾倒的是誰種的那棵，至今還無法確定。

離去

城市的人們一直來來去去，榕樹則是在這片土地生根，甚至在同一片土地倒下。然而，也有一些老樹，竟是異地漂移的離鄉背井，像是福州公廳老榕樹。

福州公廳原本是十九世紀一群來自福州的「班兵」在城內成立的會館。清朝的班兵制度，是從福建、廣東一帶的軍營，定期調撥軍隊來台灣駐守，以防止軍人與當地社會勾結串通，影響國家治安。在這套制度下，來到異地短期生活的輪調軍人，往往會成立會館，當作彼此聚會與聯絡的場所，以便在海外台灣能夠相互照應。福州公廳就是這樣的地方，而當時公廳所祭祀的媽祖，目前仍在附近的民家。

這座公廳的位置，位在西華堂前方，現在是公園國小游泳池，以及一部份的北忠街馬路。老榕樹只是在公廳旁邊而已，與公廳並沒有太大關係；然而曾幾何時，也因爲公廳而得名了。老榕樹枝幹參天，被當地民衆當作榕樹公祭拜，這一帶，也成爲老榕樹默默守護的地方。

然而，二〇一三年，土地過戶易主。新接手的建商要在這裡新建大樓，老樹因此面臨要被移走的窘境。附近居民不斷參與協調，老榕樹還是無法避免被遷移的命運，最終被移植到安南區的國立台灣歷史博物館行政大樓旁的草地坡上。

這塊新落腳的地方，在老榕樹生長茁壯之時，可能還是台江內海剛浮覆起來的新海埔地。它就這樣從府城的城北街區，移到台江內海區域，這中間的距離有七公里多。老榕樹進入了另一個新的生命階段，然而，被迫離開原生土地的過程，似乎也跟人們的經驗一樣，是一段城市變遷、遠走他鄉的無奈故事。

記憶

榕樹是府城常見的樹，也是城市民眾生活的一部分。百餘年來，它們生長於府城，也有倒下的一天。有的消失得無聲無息，有的留下故事。這些故事，一方面是人們爲它們所傳唱的；另一方面，大概也是人們爲自己的生命與記憶而留。

這也許就像我撿起孔廟榕樹的木塊的感覺吧。我想拾起的，是這棵老榕樹的生命句點，以及我與它的記憶，特別是在好久以前有著金黃光暈的午後，曾經赤腳走在樹根上嬉戲的童年光陰。

榕蔭下的廟埕、草地，以及夏天裡令人昏昏欲睡的蟬鳴。這座城市，到處是榕蔭的記憶，人的記憶。

階梯

在大天后宮旁，有條小巷弄，現在的名字叫「永福路二段二二七巷」。這滿滿數字編號的名字，人們可能不會記得太清楚，反而因爲巷內聚集堪輿之家，有時暱稱爲「算命巷」。至於更早以前，因爲是在廟邊，又被稱爲「天后宮邊街」。

從祀典武廟大門口旁邊的巷口，就可以走進這條巷子裡。首先，在巷口，得先撲過一襲廟邊肉圓攤飄來的炊蒸香氣；接著進到巷裡，經過幾面仍懸在堪輿師店門口前的古樸木製長條招牌，再沿著高聳紅潤的媽祖廟山牆，出了巷口，就會來到大天后宮的廟埕。

這條巷子，是連通武廟與天后宮兩處廟口的主要捷徑，也是一條富含空間旋律的小路。葉石濤第一本小說集《葫蘆巷春夢》裡那灰色又奇異的「葫蘆巷」，就是以這條小路爲原型。

二〇一六年，這裡進行路面的整修工程。施工時，在路面底下挖出了意想不到的東西：三層的石造階梯。

對老一輩的居民來說，這些階梯並不是什麼新鮮事物。它從以前就存在了，後來因爲路面被整修成平面的坡道，階梯才被覆蓋在地下，現在只是再度重見天日。

不過，以這個位置來說，階梯會出現在這裡，並不是單純的偶然。

通往海的階梯

往昔的大天后宮，座落在海濱之邊，廟門就正對著寬廣的台江海面。時至今日，海岸褪去，廟前已是街坊民家，早已看不見半滴海水了，但濱海的記憶，其實還遺留在大天后宮的建築格局裡。

大天后宮旁三層石造階梯出土當時的狀況。

來到廟前也許可以想像，腳下地面，就等同於海岸邊的最低層。接著，拾階五步，先踏進廟門。再沿著過廊直走，又會遇到階梯，拾階五步後，才會登至拜殿。然後繼續往前走，過了拜殿再度遇到階梯，得拾階七步，才會抵達奉祀金面媽祖像的正殿。這一趟路，不斷爬階梯、越走越高，就像是從岸邊走往陸地的過程，直到正殿——也就是整座建築最高的地方，才有正式上陸的感覺。這個格局，其實是順勢利用了海濱地形，營造出建築本身越往內走就越加崇高的獨特空間。這是大天后宮的建築設計，也是人與土地互動的精妙處之一。

類似的地貌感，也留在天后宮旁邊的算命巷。走在巷裡，可以感受到明顯的坡度落差；而從地底下挖出來的石階梯，剛好就正對著旁邊廟裡拜殿前五步階梯的位置。索訪文獻，早在一七七八年台灣府知府蔣元樞的「重修台郡天后宮圖」裡，這三層石階梯就已經存在了。跟大天后宮一樣，這道階梯的設計，也是在對應海邊的斜坡地形。

在大天后宮南北兩邊，大致是在西門路沿線附近，同樣也是昔日的海濱地區，所以多少可以看見相似的坡地。

沿著廟前的新美街往南走，踱步悠悠行過了開基武廟、抽籤巷、民權路口，來到慈蔭亭佛祖廟前，有一條狹窄的矮巷，現在是連名字都沒有的幽暗後道，但其實它是古名「帆寮街」的老街。有此名號，或許是因爲這裡以前收藏、製作或整修船舶帆篷的地方；如今則已無帆船通行，海洋的記憶，也只能藏在這被淡忘的舊稱裡。

大天后宮旁巷弄內的階梯與落差，曾是海與陸的交界。

因爲靠近海濱，帆寮街的地勢稍微低了些，與隔壁地表有落差。到了街尾，得再爬過階梯，才能登上保生大帝廟開山宮的廟埕，在廟口樹蔭下享用魚麵與冰品。回到大天后宮廟口。往北走，出了民族路，會遇到石精臼小吃攤，以及赤崁樓旁的赤崁街。側身轉進街上某條巷子裡，一座荒蕪的古老大宅旁，仍留著磚砌階梯，比起大天后宮算命巷、開山宮帆寮街，都還來得更加陡峭。在這狹窄一線天的小徑裡，謹慎循階而下，會有彷彿攀附於峭壁斷崖的感覺。

這幾處階梯，現在都變成陸地巷弄裡小小角落，但每踏過一階，都像是踏過曾經往返海邊的足跡。讓人難以想像，卻如幻似眞。

鷲嶺古地

城裡的街道巷路，像這樣的階梯其實還滿多的。不只有往海邊走的，也有往山上去的。

有一座山丘隱藏在城內市街，名叫「鷲嶺」。最晚在十九世紀初期，就有人將這名字題寫成匾額，懸掛在大上帝廟北極殿後方的天心堂樑上，至今仍在。因爲那裡

北極殿的古匾，吟述此處有如神聖山嶺。

同時也是殿內佛祖廳的所在，鷲嶺的典故，可能是引自佛陀闡講妙法蓮華經的聖地靈鷲山吧。

一八五四年，北極殿重修完工，府城眾位紳商獻上另一塊寫著「鷲嶺古地」的匾額。由此來看，當時人們不僅將「鷲嶺」當作是這裡自古就有的名號，可能也將這裡視為一座像是靈鷲山那般棲有鷲鳥、孤挺特立，並有賢哲駐地說法的神聖山嶺了。

北極殿供奉玄天上帝，府城人俗稱「上帝公」，是源自崇拜北極星的星辰信仰。在五行方位上，北方屬黑，所以北極殿的建築彩繪都以黑色系為主，整座廟看起來黝黝然，色深而沉。

廟就座落在鷲嶺的頂端。要進到廟裡，得先爬上一大段階梯，彷若眞正的登爬山門。抵達廟門後，就能以制高點之姿俯見民權路，感受高低落差的地勢。

在北極殿旁，有條小巷，古名「上帝廟巷」，也有另一個名字「柴履巷」，或許往昔曾有許多做木屐的匠人聚集於此。

跟北極殿一樣，柴履巷的巷口也留著依嶺坡地勢所蓋的階梯。拾階而上、穿過隘窄小徑，會抵達天公廟後方的日治時期料亭「鶯料理」，以及氣象局南部氣象中心大樓與舊台南測候所。

星空之丘

氣象局這一帶，十九世紀晚期至少還留有兩座小山丘。在靠近圓環的那座山丘上，曾有一座「淡水公館」，是昔日北台灣地區公署人員進府城洽公，或者考生到府城赶考的投宿過夜之處。一八九七年，台南測候所選定這裡興建新的廳舍，隔年完工。

這棟廳舍，是一棟十八角形的氣象觀測台，屋頂上還矗立一根圓形小塔樓，府城人給了它「胡椒管」的俏皮稱呼。不論是近似調味料罐的形狀，還是新政府以氣象觀測技術掌握領土統治的方法，對當時的府城人來說，都是全新的生活經驗。

鷲嶺高地的位置，讓台南測候所擁有一處合適的觀測環境。日後，即使附近周邊不斷整地、闢路，測候所廳舍仍保存至今，也一併留下當時廳舍座落的地平線。因此，測候所與一旁的公園路路面，現在仍保留明顯的高低落差，也凸顯了測候所的地勢。

不僅是北極殿與測候所，在鷲嶺週遭沿邊，也留著坡道與階梯。公園路旁的巷口，還有幾處登坡階梯，仍然留著紅磚砌造的模樣。

在民族路與公園路交會處，就有一條可以登上鷲嶺的小坡，名叫「番薯崎」。穿過夾道兩側的米穀及木屐店，一間小土地公廟守在坡上路口，它有個挺可愛的名字，叫「小南天」。

在民權路那一邊，坡道的起伏也相當明顯，從北極殿往西直行到水仙宮，就有一路下沉之感。府城曾經傳誦這句話：「上帝廟砛墘，水仙宮簷前」。意思是說，北極殿廟口的腳下石階，等同港邊水仙宮屋簷的高度。一句古諺，道出這一帶海陸地形的起與伏。

若說大天后宮那裡的階梯是循之入海，此處的階梯則是登爬上山了。在山嶺上，人們崇祀北極星辰、測象觀天。在這座城市，就有著這樣一座星空之丘。

台南測候所，與一旁的公園路仍有高低落差。

起伏於海與天空之間

曾經聽人說過，府城有所謂的「七丘」。其實這是近代的譬喻，有一點想要呼應同樣是由七座小山丘所構成的羅馬古城。

事實上，四處起伏的府城，何止擁有七座山丘而已。不只鷲嶺，在城北有「山埔頭」，大約在台南公園與兵工廠一帶，總兵衙門、頂土地公廟、開基玉皇宮，依坡座落其間。在城東有「崙仔頂」，昔日是竹林深處，因此，位居坡上的台南一中，今日仍然以「竹園崗」自詡。在城西有「大嶺頭」，也是突起一

在番薯崎，依然感受得到登上鷲嶺的坡度。

丘，藏身在西門路的隱秘巷弄內。而在城南有「山仔尾」，從孔廟一帶，向南緩緩延伸到城門外的南郊桂子山，數百年，人們在那裡積累出壯觀的墓葬地景，其中一部分就是今日的南山公墓。

這些山勢因爲長期整地闢路，加上市區樓房林立，現在都不太明顯了。然而，在城內四處移動時，途經某處，就算是騎機車總得要再催一下油門才能爬上去；或者走路時，也要稍微更花些力氣；甚至騎腳踏車，那逐漸增重、讓你額頭開始冒汗的腳踏板，都在熱烈而眞摯地提醒你來到了一座被人們遺忘的山丘。

在坡邊登爬用的階梯，也是大多漸漸被遺忘，甚至消失不見。

像是大天后宮算命巷出土的石階梯，最後仍無法保留。四塊石板條被挖掘出來，路面被整平；石板條則由大天后宮廟方安置於廟內，改作長椅。不說的話，也許沒人會知道，廟裡一些看起來很普通的石板條，原來曾是城裡人們臨海登坡的踏腳石。

雖然如此，其實還有不少老階梯，靜默躺在城內一些巷口裡。居民還是一階一階登上走下，與這塊土地的起伏面容，保持密切的聯繫。

從這些小角落，還能記得府城人依著這些崗丘與階梯，起伏在海與天空之間。

橋

走進法華寺，會不自覺將自己的腳步再放更輕一些。

這裡很寂靜，風聲、樹聲、梵誦聲，都顯得細小而微弱。與其說怕踩踏聲太大，不如說此方域境會自然安撫一些無謂的急行躁動。

這股安寧，在此沉澱了三百餘年。

十七世紀晚期，漳州人李茂春跟著鄭經部隊一同撤退來台。踏上了這塊海外異地，他似乎沒那麼想一起忙著抗清，反倒在此處結了草廬，當起隱士來。當時還在鄭經幕下當官的好友陳永華，羨慕他這份自得清閒，於是爲他的草廬取了「夢蝶處」的名字。

夢蝶處後來改成佛寺了，但原本的夢蝶清閒依然存在。十八世紀初期，鳳山縣知縣宋永清來這裡蓋了一座息機亭，作爲他公務餘暇的休息處。之後，知府蔣允焄也來這裡蓋了南湖書院與半月樓，要來個湖山間讀書、池水畔望月。不管何時，大家都想從紛擾塵世中脫出，到這裡分一杯寧靜來啜啜。

夢蝶園、息機亭、書院與半月樓，現在都不見蹤影了。就連法華寺建築本體，有一部份也毀於二次大戰的戰火中。

戰後初期，寺方並沒有重新改建，即使後來改用鋼筋水泥結構，也想辦法恢復了戰前磚木建造的舊有面容，成爲今天的模樣。這是法華寺前人巧心重興的成果，也是留給後人的珍貴寶藏。

法華寺內延壽橋

在寺內漫步巡訪，通過了一扇門，可能就進入一方殿堂；再穿過一條廊，可能又來到開滿茶花的小園圃。就因爲還維持原有的格局與風貌，許多像這樣的趣味角落，至今一直都等著與訪客邂逅。

在功德堂後方有座池庭，就是頗有意思的地方。

池庭底下，我沒看過有水的樣子，始終是用來弄草蒔花，偶爾還能看幾到隻烏龜緩慢閒晃。

有個橋亭，橫空跨過這池庭。橋面以二十七塊長板石條，穩穩當當排出一條拱狀步道。橋上有木欄杆，中間設計了可以倚欄而坐的椅子，至於頭頂上也架有屋頂。這好像是要叫訪客走過橋時，可以望著藍天、聽著雨聲，悉由尊便，總之優雅閒適就好。

法華寺後院橋亭樑上的「延壽橋」匾。

橋亭的一端是功德堂後面。那邊樑上懸著一塊小匾額，題有「延壽橋」三字，是這小巧可愛懸空亭閣的名字。橋亭另一端則是會客室，正門懸著一九四三年寺僧善慧、善昌掛上的匾額，題有「聚賢堂」三個灑脫的草書大字，左右兩旁則有對聯「出入有僧皆佛印，往來無客不東坡」。更往後方則有祖師堂，它與功德堂是寺內難得還保留木造結構的舊建築，又是另一方別緻空間。

要從功德堂前往聚賢堂與祖師堂，其實不走延壽橋也可以，本來就有其他廊道可互通。這也就是說，通行並不是延壽橋的主要功能，它的重點在於賢人雅士往來聚散橋畔，是風雅的趣意，是維繫著法華寺寧靜空間質感的重要布置。

應該有不少人曾經徘徊這橋邊亭畔，想取一份寧靜吧。因而想到，這裡曾是舞鶴小說〈拾骨〉的舞台之一。

小說裡，患有妄想性精神病的主人公，經常到延壽橋旁，盯著橋下烏龜看，只爲了逃避他腦袋裡灰暗、創傷又反覆萌發的妄想。在這裡，外在事物與內在心靈不再拉扯，主人公能找到一小段短暫的和諧；而橋邊的縮頭烏龜，成爲了扶持他苟活求生的支柱。主人公也是百餘年來從寺外紛踏入內，想要求個寧靜的衆生之一。

又想到，曾經有人試著將這份寧靜打包，帶出寺外。

日治時期，一位小學校教師山路曠，某天來到延壽橋旁，執著畫筆，將當時潑映在橋欄與磚廊的午後陽光，仔細收進他的畫布。那幅畫名爲「法華寺的午後」，曾入選一九二九年台灣總督府主辦的第三屆台灣美術展覽會。藉著顏料的傳達，橋邊的午後斜陽，也曾經靜靜照進台展的美術殿堂中。

城市裡的水與橋

像這樣的橋，府城曾有好幾座，但時遷境變下，現在都看不到了。要說傳統古橋，現在也只有法華寺延壽橋算是碩果僅存了。

橋樑因河水而存在。府城裡原本有兩條河流，北邊有德慶溪，南邊有福安坑，都是自然生成的坑溝地形。再稍晚一些，府城西岸開始淤積，新的土地浮現了，殘留幾條橫向的坑溝地形，日後被人們用作貨運水道，也就是大家常說的五條港。

這些水道蔓延在城市街廓間。長久以來，市民在上面修建橋樑，互通往來；城內的屋舍通衢也依它們而生。

早在十七世紀下半葉，現在舊地方法院旁邊的府前路、永福路交會處，就有一座紅磚橋樑，跨越福安坑的河水，連通南北兩岸道路。大家俗稱那橋爲「磚仔橋」（chng-á-kiô）；十九世紀中期，出現了雅化的諧音「莊雅橋」。

看起來，小橋流水曾是府城典型的城市景觀之一。一七七七年，知府蔣元樞將全城橋樑做了大整修，從當時留下來的圖像資料來看，城內的河水與橋樑相互依逢，且每座橋都有優雅的名字，像是德安、安樂、濟津、保安、安瀾、慶成等。

過個橋，也要過得平安快樂、姿態優雅、文質彬彬。這些美麗的橋名，以及背後陸續累積的人群互動與蓋橋成果，都代表了當時逐漸成熟的城市生活。在二十世紀初期的調查中，當時台南市內的橋樑，大大小小就有三十七座，長度加總超過兩百公尺，府城因此被比擬爲縮小版的大阪商業地。

十七世紀初期，大阪商人就開始先後挖造水渠運河，日語叫「堀川」，今日大家仍耳熟能詳的商業區「道頓堀」，就源自水道的名字。因爲如此，座落在這些水路網絡上的橋樑多不勝數，江戶時期的大阪，有了「八百八橋」的稱號。

密布的水路網絡與林立橋樑，勾勒出大阪商貿繁盛的熱絡水都景觀。曾被比擬爲大阪的府城，是否也曾經像這樣，讓水與橋勾勒著面容呢。

想一座橋的身世

轉身來到中山路與民族路交會處。一群掛著鮮豔招牌的方塊樓房，比鄰倚在路邊。

在現代街區裡，這些樓房看來其實並不怎麼顯眼，但在街角中央的東亞樓，就像一位穿著硬派舊式西裝外套、與年輕人坐在一起的老伯，聚光燈自然而然就往他那裡打下去，而他也以看盡風華的面容，凝望著穿梭街頭的眾人。

東亞樓是由山東人畢庶臣所開設的飯店。戰後初期，原本在韓國經營餐館的畢庶臣，歷經各地輾轉，最後落腳至這座城市的民權、中山路口，開了間包子饅頭店，標榜正統的山東味。之後，因爲經營有成，他買下中山路現址土地，蓋起這座地上七層、地下兩層的大飯店，於一九七〇年初正式開幕。

同年底，另一間樓高七層的旅社也在東亞樓對面開幕，是五金商人鄭玉全開設的玉麒麟大飯店。這兩棟旅社，當時分別聳立於路口兩端，是中山路高樓林立的先驅。

玉麒麟早已歇業了，二〇〇八年，來自高雄的多那之咖啡進駐，將原本的老旅社改造爲鮮亮的時尚咖啡館，直到二〇一九年因爲租約到期而遷出，現在外觀上倒看不太出原先的樣貌。而對面的東亞樓則依然屹立，沒什麼改變，一九六〇年代的舊風味，以及那一段人們因動盪而流轉他境、最後遷徙至至此生活的故事，仍繼續框在建築正立面那幾條充滿現代主義色彩的線條設計之間。

兩棟旅館現在面對的是中山路新光三越、台南醫院一帶的人潮車潮，不過以前面對的，可是河流與橋樑。

就在民族路上，以前有德慶溪自東向西流過。河上有橋，名字叫「中山橋」，是因爲中山路而得名的。再更早一點，一九一六年，這座橋因爲大正町道路的修築工程而跟著動工興建，名字叫「大正橋」。在不同的時代，道路有不同名字，以及不同的身世。

德慶溪上王宮橋

在大正橋還沒建立時，這個地方就已經是交通要道。以前，這裡往北是直通府城大北門，往南可以到府衙或者開隆宮七娘媽廟等鬧區。爲了跨越德慶溪，這裡很早就架設橋樑，過橋的除了一般人，還有官老爺們。

十八世紀初期，府衙與縣衙兩地要往來洽公，就會走這條路，也必經這座橋。橋邊有個小陡坡，人們因此稱做「太爺崎」，太爺（thài-iâ）是往昔民間對知府、知縣等地方官吏的尊稱。

現在走到東亞樓後面的巷子，還會看到太爺崎的陡坡地形，坡度起伏很大，像是隱身在都市內一處懸崖深谷。腳踏車騎到這裡，很難騎得過去，得下車用牽的。這是河道的切割作用造成的，是德慶溪流過的足跡。

十八世紀中期，太爺崎附近的路泥濘難走，當時的知府方邦基、知縣魯鼎梅等官員，以及住在范進士街的武進士范學海、住在上橫街石坊腳的侯世光等城內士紳，一起出錢整修太爺崎，讓路更好走些。至於橋樑，魯鼎梅也另外再整修一次；時隔十餘年後，大家又央請道員蔣允焄修橋。這裡的路跟橋，確實是大家頻繁往來、相當倚重的要道。

這裡的橋，一開始叫「德慶橋」，跟德慶溪的名字一樣，不知是河流因橋而得名，還是橋因河流而得名。另外，因爲橋頭有一座主祀朱、池、李三王爺的普濟宮，橋邊一帶因此古稱「王宮口」，德慶橋也一度叫做「王宮木橋」。

普濟宮的規模不大，但有自己的生財之道。依照日治時期留下的紀錄來看，普濟宮的主要收入之一，是向來往於廟前道路的牛車收取微薄費用。看起來，普濟宮可能是趁著橋樑要道的地利之便，添收類似過路費的香油錢。

日治時期，因爲修築大正町道路，普濟宮的廟地被徵收了，寺廟也遷離了此地。

現在，它藏身在府衙舊址武德街旁的小巷子內，不仔細看還不容易發現。至於廟的原址，現在則是東亞樓所在。

時間帶人繞了一大圈，回到原地之後，反覺物換星移，景色殊異。

飛越過天空

戰後初期，德慶溪河道還曾經在地表上存在過一陣子。問老一輩人，他們總還認得出以前「大溝」怎麼穿梭的，講到以前怎麼走橋的，邊講邊吐露幾句「少年仔，沒看過那條溝的樣子吧」，彷彿有眨眼如梭的感懷。

至今仍遺留了極大坡度落差的太爺崎。

之後，河道逐段被加蓋，成爲城市的排水溝。一九八〇年代，城裡已經看不到有河流過的樣子。

既然沒有河，也不必走橋了，城裡的水橋一座座消失，最多只留下片瓦遺跡。北門、民族路口旁，現在還留著一座「博愛橋」的橋墩，那得名於北門路在戰後初期的舊名「博愛路」。日治時期它叫「壽橋」，因壽町而得名，原本是座磚造拱橋，戰後才改建爲鋼筋混凝土結構。

壽町或壽橋的名字，現在已經沒有人在用了，但博愛橋旁的火車陸橋，還留著「壽陸橋」的名字。對大多數人來說，那裡是「四維地下

「壽陸橋」（左）以及隱藏在路邊的「博愛橋」橋墩遺跡（右）。

道」，是橋下的道路的名字；至於橋本身的事，可能就不太清楚。然而，帶著優雅拱圈橋欄的壽陸橋，卻是從日治時期留存至今的古老火車陸橋，也是壽町一帶城市空間發展的在地見證者。

城區不斷變化，河流不見了，取而代之的是馬路車流。我沒有在博愛橋、中山橋，以及其他水橋還存在的那段時間生活過，印象所及，小時候就是走天橋的時代了。以前的人走橋渡河，我是走天橋渡馬路。公園路上、公園國小旁的自強橋，是我以前放學回家時必經的要道。

剛好也是在河流盡被掩蓋的一九八〇年代左右，城裡開始冒出許多天橋，以回應一九七〇年代後汽車普及、大眾化的過程中，開始像河流一樣湍急起來的大馬路。自強、念親、懷恩、念慈，一座座天橋開始飛過府城的天空。

這景象沒有維持多久。三十幾年後，走天橋的孩子變少了，人們認爲部分天橋使用率低，必須檢討拆除。二〇一六年，包含舊城區內及其他區域，有十幾座天橋被移除了，但有些還繼續留著，繼續托著孩子們走入空中。

水的聲音

台伯河流過羅馬，泰晤士河流過倫敦，涅瓦河流過聖彼得堡，鴨川流過京都，漢江流過首爾，香江流過順化。

台南府城與世界上其他古都一樣，原本也是有河流過的城市，而人們蓋橋走橋過生活。雖然現在實在看不太出來，要看，得走出舊城，到南邊的竹溪、北邊的柴頭港溪、西邊的運河去，只是它們也各有不同遭遇。柴頭港溪，現在變成一條水泥化的人造大排水溝，可以說是沒了生命，不再是條河流。

每當看到《神隱少女》裡的河神白龍，就不自覺想到城裡那些河。時至今日，也許它們還是想對這城市裡的人們說說話，但嘴巴給封住了，說不出來。人們忘記它了，連它自己也快要忘記自己了。

抱持這般想像，我偶爾會依循舊河道與橋樑遺址，體驗在城內臨川而行的感覺。

一些巷道裡，其實還能依稀辨認出河流的地形與輪廓，甚至從巷邊的一隅溝蓋，也還聽得到潺潺流水聲，聽得到殘存的河仍在絮絮細語些什麼。

府城的竹溪以水岸綠竹得名。但市區內的河段大多成為下水道，在南山公墓內則還能看到翠綠景緻。這裡的河段，還沒失去它的記憶。

鳳凰

赤崁樓大門前的民族路，古稱「范進士街」。名字的由來，可能是源自十八世紀初期的武進士范學海。

范進士街原本的樣子，或許是比現在再小一點的典型府城老街；不過，現在已經化作一般現代馬路了。

沿著這條路往東邊走，會遇到通往萬福庵的巷子口。走進巷子裡，頓時覺得兩邊窄了一些，還保有一點府城舊街的空間尺度。

繼續往前走，會先經過一抹清秀的飛簷白牆。那是萬福庵前方的照壁，爲了避免民宅直接面對廟口而建。

再接著往前走，就會來到一座古老的大宅邸門口前。

鳳棲瓦上

這座宅邸主人姓陳，現在大多喚作「陳世興古宅」。「陳世興」不是個人名，而是業戶名。這是陳氏家族爲了持有與管理產業所成立的戶名，也是家族的代表稱號。

陳家的祖先來自福建泉州同安縣。十七世紀晚期，陳登昌帶著家人，從已經成爲清朝版圖的福建地區，跨海來到鄭氏軍隊控制下的台南。

如此長途跋涉，可能是情勢使然。鄭經在與清軍一連串攻防後，一六八〇年決定放棄廈門、撤退台灣；另一方面，清朝先前執行的遷界令，使得沿海地區居民被迫遷離家鄉。然而，許多人們不一定乖乖跟著搬家，反而投靠鄭軍。對陳登昌一家人而言，台灣或許就是最後的棲身之處、最後的希望所在。

雖然是戰亂的遷徙，但台灣被納入清朝版圖後，陳家因爲事業經營有成，在這片新天地逐漸站穩腳步。

至少在十八世紀中期，陳登昌的孫子們就已經功成名就，也成爲官員所倚重的地方士紳。當時的陳家人陳思敬動用了大筆資金，買下施世榜位於南台灣鳳山縣的土地，當起大租公。掛著內閣中書頭銜的陳奇烈，也付了一大筆錢幫官府重修孔廟。陳奇策則獲得「鄉飲正賓」的紳耆身份，知縣魯鼎梅爲他題了「繩武太邱」的匾額，至今仍懸掛在古宅正廳的樑上。

這座陳家大宅，就是這名門大戶所居住的房子。往昔，府城到處都是這類宅第，但歷經自然頹圮、戰火天災、後人賣地拆房，已然所剩無幾。陳家是今日城內少數完好留存的氣派大宅。

在一些細節上，陳家大宅也有相當細緻的表現。像是跟旁邊的萬福庵一樣，它的門前也有一道照壁，屋頂中間還安了一顆小葫蘆。而在房屋的牆壁上，掛著一串S或X形狀、人們稱作「鐵鉸刀」的鐵件，相傳是荷蘭人留下來的建築技術。這座宅第雖然沒什麼華麗裝飾，但從這些小地方，看得出用料與工法並不馬虎。

在屋頂上面，也有點玄機。鋪在屋頂的瓦片，邊緣處都有壓上花紋。由此可見，這些瓦片可不是一般的便宜貨。

在屋簷邊的一角落，則留著一顆素瓦燒製的瓦當。它的表面，浮刻一幅鳳凰的精美紋飾。那鳳凰張嘴睜眼，展開它的雙翅，有欲飛之感；而羽翼的線條，跟瓦當的渾圓形狀，協調地融合在一起。因爲圖案相當細緻，看起來，這塊瓦當也是價值不菲的建材吧。

鳳凰有吉祥富貴的傳統意涵，所以不只會出現在瓦當上，也常出現在府城其他建築的彩繪、剪黏、雕刻圖案裡。

而鳳凰瓦當應該也不只見於陳家大宅。據說，府城城門上的屋簷瓦當，也曾有過鳳凰的圖案，只是現在也看不到了。

陳世興古宅屋簷上的鳳凰瓦當。

這塊瓦當，除了反映陳家豪門構建宅第的能力，還有在這股能力背後的地方家族崛起的過程。對這座城市而言，鳳凰也是一個獨特的象徵。因爲，鳳凰曾經是府城的代名詞。

府城龍局

往昔人們經常以文學詩詞、風水堪輿等方式，描述與想像府城這座城市。像是，一位中國江西的堪輿師閔光中，曾經來到府城考察地理格局，並賦予府城一套生動的風水解釋。

據他的描述，有一條龍，從東邊的山延伸而來，通過府城的大東門，進到了城內。龍頭位於赤崁樓，還有幾個分支位於孔廟、道衙、府衙等地。整條龍就朝著龍珠所在的安平，作直奔大海的姿勢。這條龍脈，讓府城「富勝於貴」。

閔光中，還有其他許多人，都曾經用龍來描述府城。但在經歷一場地理巨變後，大家開始不再講龍。這隻龍似乎消失無蹤了。

今天的四草紅樹林隧道，就在 19 世紀的竹筏港古運河旁。往昔穿梭水道徐徐向前的感覺，在此也許還略能體會。

一八二三年的夏天，當時有一場大風雨，讓曾文溪一夕暴漲潰堤。這不僅讓曾文溪原本位在將軍的出海口，突然橫跨二十幾公里，往南改到鹿耳門出海；且大量的泥沙，隨著潰堤的大水四處淹漫，台江內海的海域幾乎化爲淺灘，形成了今天台南市安南區一帶的陸浮海埔地。

海不見了，港道也堵住了，府城的商船出不去、貨物也進不來。爲了解決這個困境，官府與三郊合作，投入大量人力與財力，將淤塞的水道開通，並且開闢一條新的水道，往北方直通到七股的「國賽港」。這條人工運河，被稱爲「竹筏港」。

一八三〇年，府城士紳曾敦仁、黃本淵、陳國瑛等人，就在城內採訪到這樣的說法：大雨改變了河水的流向，使水沖斷了府城龍脈，「龍身已斷，氣脈不貫」。若再不想辦法補救，府城的發展運勢，可能會越來越不利。

網住鳳凰

也似乎在這個時候，另外一個故事，就在普濟殿一帶開始講起了。那是一則關於鳳凰的故事。

故事是這麼說的：普濟殿附近的街道，縱橫交錯，有如八卦狀的蜘蛛結網。而這個地方，就是鳳凰的嘴喙，所以這道結網，可以把鳳凰給網住，不要讓牠飛出去。

從這個故事的流傳可以發現，人們似乎不再講龍了，因爲龍脈已經不見了，它被大水給沖毀了。這時出現的是鳳凰。

然而，比起頭部原本是停在赤崁樓的龍，這隻鳳凰，更往西邊移了一點，鳳頭跑到了普濟殿那邊去；而且，牠是眞的快要飛走了。所以，人們講了一個八卦結

普濟殿附近一帶街廓，曾被人們形容有如八卦結網。如今每近春節，結的則是繁麗燈籠。

網的故事，想要網住鳳凰，不再讓它往西繼續飛，飛出府城。

若從這個時間點來看，鳳凰飛出府城的故事，似乎有一點承載著當時府城人的焦慮。這股焦慮，來自那場導致台江浮覆的地理巨變，以及它對府城經濟命脈的影響。

事實上，也不只地理巨變。十九世紀晚期，東亞局勢劇烈變化，使得台灣有了不同的發展方向。

一八七六年，「台北府」設立了，這座城市不再獨佔「府城」稱號。一八八七年，台灣府改置於台中，這座城市又再卸下使用了兩百多年的「台灣」之名，改稱「台南府」，就是我們現在所熟知「台南」之名的出現。

台北府與新台灣府的出現，代表台灣的政治、經濟中心正式往中、北部遷移，舊府城的全盛時光，已然成爲過往。

不過，鳳凰最終還是沒有飛走。它還繼續留在這座城市裡，陪伴府城人，一起看著新統治者的到來，看著府城街景的改造與變化。

每到盛夏，台南的天空就會如此被點燃。

點燃盛夏天空

一八九六年，剛成爲日本新領地不久的台灣，引進了鳳凰木的種子，並在台北府城小南門外的殖產部苗圃裡試種。鳳凰木的根，開始紮在台灣這塊土地上。

鳳凰木是豆科的落葉喬木，原產於非洲的馬達加斯加島。它不是台灣的原生植物，卻相當適應異地台灣的氣候與土質，生長得很好。

鳳凰木優美的樹姿與紅花，也被當局認爲可以在台灣營造出「優美高尙的文明風景」。因此，它被當作行道樹的首選之一，並開始移植到其他地方。在這當中，台南種得相當多。

台南與鳳凰木的淵源，比這時還要再早些。相傳，十九世紀晚期，有英國人於安平的熱蘭遮城跟稅關等地，種下了一些鳳凰木。此時，鳳凰木還沒有廣爲人知。

一九一七年，在剛落成不久的台南廳舍前方道路兩側，鳳凰木開始廣爲種植，成爲台灣第一條鳳凰木林蔭道路。那裡是大正町——今天的中山路。

往昔，每到夏天，大正町濃密的綠蔭隧道，就會怒放出一整片紅花。不論是行走路傍、或者乘著人力車經過，都會對這片濃烈的南國盛夏之景，產生深刻的印象。

出生於台北的畫家立石鐵臣，曾把他坐在人力車上、穿梭於大正町鳳凰木林蔭的景象畫下來，發表在《民俗台灣》雜誌。戰後，他也以水彩重新畫過這個畫面，收錄在他的《台灣畫冊》裡。

其中，他是如此描述身處於這片林蔭裡的感覺：

台灣台南車站前夾道的鳳凰木，在綻放花期時的美，是無法用言語形容的。像緞帶般純紅的大花朵，就點點載於鮮綠之上。

這種無法以言語形容的美，隨著不斷移植與布種，漸漸在府城的道路與綠地上陸續綻放。每到盛夏，南國府城的天空，就會如此被鳳凰花海點燃。這樣的印象，仍一直延續到戰後。

省轄市時期的舊台南市，市徽就以鳳凰花瓣為圖案。一九七八年，台南市政府以之前市徽徵選活動的獲選圖稿為底圖，在市長蘇南成指示下，加上一枚鳳凰花圖案，再請出身府城的畫家陳輝東協助配色，最後由台南市議會正式審議通過。

這枚市徽，伴隨府城人走過三十餘個年頭，府城的「鳳凰城」稱號，也逐漸爲人所知。不只市徽，市內兩座高等學府：成功大學與台南師範學院，也用鳳凰花瓣作爲校徽。

然而，隨著道路拓寬、都市發展，以及對鳳凰木用作行道樹的重新檢討，城內的鳳凰木數量已漸漸不如以往。中山路上的鳳凰木林蔭道，就因爲道路拓寬的關係，全部消失了。至今，除了台南醫院前還有一株孤零的鳳凰木之外，整條中山路已是光禿的景象。

而在二〇一〇年，台南合併升格爲直轄市，鳳凰花也已不再是市徽

綻放於天空的鳳凰花。

與市花，而退居爲市樹了。

風中像是雪

在湯德章紀念公園裡，原本有一株相當巨大、樹蔭非常廣的鳳凰木，因爲感染褐根病，在二〇一四年的夏天，整棵攔腰折斷。

之後，大部分的樹體被移除了，但殘留在原地的樹莖，以及一小叢分枝，仍被妥善維護著。人們從倒下的樹木中摘了種子，培育了木苗，再回到老樹旁種下，向未來預約更多的百年老樹。

從風水、傳說到林蔭大道，鳳凰其實一直棲息在這座城市裡，沒有遠去。這是因爲，府城人一直都想要記住它。

因此，雖然現在府城的鳳凰木沒那麼多了，但在一些角落，還是可以在夏天熾陽之下，見到綻放的紅花，以及因爲輕風拂過而繽紛飄飛的綿密細葉。

府城有許多的不同樹種，但我還是喜歡鳳凰木。

也許因爲台南。也許因爲它在風中像是雪。

米

赤崁樓邊，有一條新美街。雖然是現代的路名，但它的語源，是從古時的街名「米街」諧音而來。至於米街之名，又是因爲往昔米商在此雲集之景。

因爲商景繁盛，米街不只有米商，也吸引了其他商人進駐。一八四五年，在大西門外經營糖業貿易的施菁華，就將他的商舖振美號搬到米街。

過沒幾個月，他在北京趕考的兒子施瓊芳考上了進士；一八七六年，施瓊芳的兒子施士洁也同樣考上進士。這對父子雙進士的出現，曾使米街聲名大噪。不過，現在施家大宅早已不存在了，只有在巷裡的某個角落，還躺著一塊斷掉的施家界碑，稍微留下些殘存不全的線索。

來去變化的不只是施家，就連米街也漸漸不再賣米了。紅磚素燒小神像、金銀香紙、門神春聯等民俗小物，甚至開了十餘間旅社的街景，才是二十世紀以後府城人對米街的記憶。

王宮口前舂米聲

若是不甘米穀身影竟被時光如此淘盡，也許可以往南走，出了民族路之後，往西轉到西門圓環邊，到金泉成雜糧行去看看。

金泉成的王家第一代店主也出身米街，但一開始是賣雜貨的，要到第二代店主於

金泉成雜糧行，古老的店舖飾面，是時間所贈與的勳章。

日治初期遷到圓環邊這個新店面，才專營五穀雜糧。

時至今日，金泉成依然保留了舊時古貌。典雅的紅磚砌、中央山牆上的花草圓形圖飾，以及嵌著「雜穀、肥料、金泉成」幾個楷體字塊的店號，無疑是悠長時間爲這間百年老店所頒發的專屬華麗勳章。

同樣在民族路、赤崁樓旁，還有個地方叫「石舂臼」（也寫作石精臼）。舊時，那裡因爲是王宮——主祀池府千歲的廣安宮廟口，並且面向王宮港水道，自古即是熱絡繁榮之地。

新美街頹敗的古宅門旁，依然貼著有「米街」之名的寺廟緣籤。

歷經時代變化，石精臼風貌屢有更迭，但像是虱目魚粥、米糕、飯桌菜等這類佳餚，都還讓米食香味在這裡繼續飄揚。因此，除了米街以外，在這裡也是可以稍微追循到一點米的足跡。

石春臼與米街這一帶，曾經臨近海濱，也與南邊民權路上的大街及大井頭渡口相鄰，因此有便利的區位。在城外田園收成的米穀，在此地集散、加工，甚至運輸出口。

在靠近西門路一帶，曾經有個稱作「礱米街」的地方。人們在那裡使用米礱、風鼓、米篩等器具，將米跟稻穀分離，取得去殼的糙米。這是稻米在收成之後，首先會進行的主要加工程序。

米市之街

被脫下的稻殼，俗稱「粗糠」。它們被堆置在海岸邊坡，久而久之，那個地方被人們稱作「粗

土埆磚中的稻梗。

糠崎」，現在的位置就在普濟殿一帶。

台語有句俗諺叫「粗糠榨無油」，用粗糠來形容人的窮酸，連點油水也撈不到，可見在人們眼中，粗糠是極爲貧乏之物。雖然如此，人們還是會拿它去當飼料、作柴燒，也跟稻梗、黏土、牛糞一起混合調製成土墼磚，做更好的利用。

比起紅磚，土墼是更經濟實惠的建材。府城南邊、現在西門路上的新光三越，數百年前曾是曬製土墼磚的廣場，因而有「土墼埕」之名。在城內，許多古宅牆壁也以土墼砌造而成，減低了建造成本，大多數卻仍可以屹立百年。

至於去掉粗糠後的糙米，會流通到米店批發販賣。米店會再用舂臼搗米，把糙米的米糠搗掉，最後獲得精米來販售，也就是一般煮飯用的白米。

這些二次加工的米店，大多聚集在「做米街」一帶，也就是古名米街的新美街。而旁邊的石舂臼——或者現在大多寫作「石精臼」，典故卽源自這加工程序所需的設備。城內的小商店，像是古代便利商店的籤仔店，就會來米街批小貨回去賣。

而今天台南公園旁的北門路——也就是府城大北門一帶，往昔也賣米，並漸漸形成一座「米市街」。當然，跟新美街一樣，那個米市街也不再賣米了，在此繁忙穿梭的是各地旅人與客運公車。但在巷弄內，還有一座拜保生大帝的福隆宮，仍座落在米市街邊——稱做「市仔頭」的地方，見證一段遺失的賣米時光。

溫暖的粿香

磨米，或者磨麥、豆等雜糧食材，都需要用到石磨。城內有專門經營研磨生意的店家，他們擁有大型石磨，以牛來拖動。現在西市場北邊的正興街一帶，曾經座落這類商家，因此留下「牛磨後」的古地名。

至於在城內的家戶，倒不一定得出門去請人磨，有的會在家中自備小石磨，既便利又能掌握現磨米漿的鮮度。就像是現在喝咖啡的人，有的會自備磨豆機，以便隨時享受新鮮現磨的風味吧。

對城內的殷富之家而言，家裡自備幾台石磨，或許不是什麼太大問題。但隨著時間演變，這些居家料理工具卻逐漸失去功用，不再受到重視。現在，有時還會在城內街巷裡見到石磨的零件被閒置於角落，成爲荏苒時光淘洗之後的沉澱物。

當米被磨成漿之後，有不同的製作與料理法。其中一種，是將濃稠的米漿倒進有小洞的筒子裡，將米漿壓出洞，使它們變成一條條粉絲，再經過煮熟、曬乾等工序之後，就變成「米粉」。

從台南孔廟的西大成坊走出來，以前有一條被稱爲「米粉街」的街道。它一路往西，經過海東書院的門口，通往現在台南市美術館二館的所在地「樣仔林」。有這樣的名字，想必那裡曾經聚集了製作米粉的匠人與店家。然而，這條市街在日治時期被徵收拆除，先是變成台南神社的外苑，現在則是忠義國小校園綠地的一部分。往昔篩過半透明米粉絲的細縷陽光，現在轉爲照耀在活力蓬勃的小朋友身上。

石磨這種居家料理工具，隨著時間演變，已成為廢棄石材。

還有一種作法是加工製作成粿。除了自己吃，粿在特定時節的祭儀裡，也是重要的供品，是生活中相當熟悉的再製食材。這種生活經驗今日依舊常見，並承襲著府城飲食文化的代表性，像是每每提到台南飲食，就會很容易聯想到的碗粿。

府城的碗粿，是在米漿之中，加入府城料理的另一絕品——肉燥，並搭配香菇、滷蛋、火燒蝦、肉丁等其他餡料，一起放進碗裡，送至蒸籠內炊煮。

蒸製過程與配餡內容，各家或有差異，但基本不離其宗。最後，滷汁、配餡與肉香之味，都會深深地

以竹籤熟練切起粿塊，粿香彷彿隨之揚起。

走進到粿裡頭。

熱騰騰出爐上桌的碗粿，大多裝在小小白色瓷碗內，碗緣總綴著一環釉青，以及殘留著些許蒸煮之後的斑駁粿痕。而沉睡在瓷碗裡的粿，則是伴著深亮香鹹的醬油膏——而我總習慣還會再加一小匙芥末——的那一片嫩滑而溫醇、令人一旦嚐之即萬事足矣的小世界。若再搭配它的好朋友浮水魚羹，就是一段令人感到滿滿生存意志的美好時刻了。

還有根竹片，會跟著碗粿一起附上，那是吃粿用的餐具。

一般人見著這種碗粿籤仔（uá^{n}-kué-tshiám-á），也許既困惑又困擾，不太知道怎麼使用。要是府城人，則是二話不說，取起它，先用側邊熟練地將粿劃切數塊，再用尖端叉起粿塊，一塊塊送入口中，嚼出那溫暖的粿香。

近年，一些店家漸漸改爲提供小鐵叉或筷子給客人使用，雖然是方便，但粿常被切得支離破碎，而鐵器的生冷觸感，也與竹籤完全不同。吃碗粿若不見竹籤，也難免讓人有種悵然之感。

生活與幸福之味

現在一般常見的台灣米，是一九二〇年代蓬萊米不斷改良與育種的結果，但在府城一部份傳統飲食裡，像是碗粿的原料，以及其他的粿製品、米粉、肉圓皮等，用的還是二十世紀以前人們常吃的在來米。

至於其他米食就不用在來米，像以白米飯爲主、醬汁一澆卽有如醍醐入注的肉燥飯，以及元氣含量如南國太陽般豐饒、府城人最熟悉的傳統早餐虱目魚粥或粽子等。各道米食，皆有其入魂之味。

食物也有記憶。像碗粿，不只食材跟製程，若無竹籤或者瓷碗，它也會跟著失去其中一種味道。

這是一種微妙的、屬於一種生活與文化的連結。它隱然連結在餐具、地方、人們、時間，以及鍋下那道文文爐火裡，最終繼而帶到人們味蕾上。

這些味道，就是生活之味、幸福之感。把這些味道帶進食物裡，就是府城人最擅長的技術。

轎子

即使是現代，府城人對轎子的印象，依然不會太陌生。在舊城區裡，騎著小五十、頂著安全帽，跟著旁邊鑼鼓喧天、出巡繞境的神轎一起擠在路上等紅燈，不少府城人或許都有如此的經驗。

工藝之風

在大馬路上搖來晃去的神轎，因爲是供神明乘坐的重要器物，所以往往集極致精湛的製作手藝於一身，是府城常用來誇耀傳統工藝水準的代表物之一。

至今，仍有一位雕製神轎的職人，駐守在跟水仙宮市場隔著一條海安路相望的神農街上。那裡是一座屹立在街口的老店屋，典型的城西港邊兩層樓古宅。

因爲歷時悠久，臨街門板的彩漆鉛華已然褪盡，露出整片素色的木紋。站在這片門扉外，就可以聽見屋內傳來陣陣木工敲擊聲。那是「永川大轎」，台南雕製神轎的名店。

神農街上永川大轎的舊宅，即便鉛華褪盡，仍掩不住工藝名門的光采。

永川大轎是由王永川司阜創立。他原本師承父親的木作技藝，之後自己嘗試神轎製作。雖然他也接一般木作的訂單，但反而是以大轎打響招牌。

永川大轎打造的轎子，是供神明用的神轎。但轎子原本就不是神明特有，而是往昔人們重要的代步工具。而且它的動力來源，一樣還是來自於人，扛轎的人。

扛轎人

對於扛轎的人，地方有個俗稱，叫「轎腳」（kiō-kha）。

依照乘客身分等級以及場合的不同，一頂轎搭配的「轎腳」，會有二人、四人、八人等不同人數。

扛轎人越多，當然就越省力，但這並不是人數多寡的主要意義，而是人數代表了一種規格待遇。所以，動用到四人以上的轎子，因爲規格非凡，通常被叫做「大轎」（tōa-kiō）。

出巡的神轎，必然是用大轎的尊貴規格，這也是「永川大轎」名稱的由來。廟裡的扛轎人，主要由一部分信徒組織「轎班會」，義務擔負爲神明扛大轎的工作。

至於在一般生活場合，街坊裡就有經營扛轎生意的「轎館」。要出遠門卻不想走路，可以到轎館僱兩人扛的竹轎來坐，有點像是現在到車行租車的概念吧。

另外，也有專職受僱於某人、某家扛轎的人。府城的衙門裡，就有受僱於官員的扛轎人。

衙門轎班

來到民權路的北極殿，踏進黝黑的廟門，有一塊古老的石碑緊緊鑲嵌在大門旁壁上。扛轎人在這塊碑上留下一些故事。

石碑的年代是「同治二年」，也就是一八六三年。碑頂刻了「重修北極殿」幾個樸拙卻深刻的大字，底下接續一堆名號與捐獻金額。

在府城寺廟，仍大多常見轎班會的組織。

這些文字在說，北極殿當時進行重修工程，大部份花費由這些名號捐獻，這些人包括了官員，像當時正忙於處理戴潮春事件的總兵曾玉明；包括了鉅商，像是名門大戶石鼎美；也包括了其他城裡各種店舖商號，絕大多數都是府城的官商人士。

比較特別的是，「縣大簥」與「道大簥」兩個奇特的名號，也在捐獻名單之內。「縣大簥」是在縣衙裡幫知縣老爺扛轎的轎班，他們捐了四銀元；「道大簥」則是道台老爺的扛轎人，他們捐了三銀元。這些扛轎人受僱於官員；而且他們似乎也累積了一些資金，可以運用在修廟這類地方公共事務，而跟這群高官富戶們名列同一塊石碑，平起平坐。

既然在官府當差，能夠累積點銀錢並讓人不意外。他們的收入來源當然不只是微薄的基本工資而已，像是打賞花紅、在外兼差，以及其他未知的收入，可能都是賺錢管道。有趣的是，知縣的官位是比道員低很多的，但縣衙轎班出手卻比道衙轎班更闊綽，硬是多捐一銀元。這不僅引人遐想，在更接近地方的知縣底下做事，收入或許更加豐富也說不定。

同業成群，使得這群扛轎人擁有不可忽視的勢力。十九世紀初期，在台灣府學擔任教諭的鄭兼才說，當時府城有三群頗具勢力的人，一是定期輪調來台灣駐守的軍人，稱作「班兵」；一是在衙門裡當差的班役；一是衙門大轎館的扛轎人。這三群人在地方鼎足而立，互相抗衡，在府城裡各有一片立足之地。

扛轎人的氣勢

幫群比氣勢，平時有事好商量，但火拼見眞章的情況也所在多有。

回到神轎的轎班。在一八八七年的農曆三月，正值春夏之交，全城正忙著迎接南下進香的北港媽祖鑾駕。依照以往的慣例，城內寺廟紛紛抬轎

扛轎出巡，有著特定的步伐與韻律感。

出陣，魚貫行進到小北門外，等著迎接媽祖蒞臨府城，展現最高規格的禮數。

這當中，可能是隊伍太擁擠了，普濟殿的隊伍一個不小心，竟然扯破了三老爺宮陣中的頭旗。兩座同樣拜王爺的廟，就此點燃了衝突的引線。

雙方隊伍一進到城裡，隨即大打出手，衝突的場面相當浩大，就連路邊賣店、攤販，還有一起進香的香客也受到波及。之後，大家將幾個起事分子送交衙門公斷，還是無法平息雙方火氣，最後由水仔尾的小媽祖宮出面當公親排解糾紛，事件才慢慢降溫。

不過，這個大亂鬥事件，也惹得知縣沈受謙相當緊張。在北港媽祖進城駐駕幾天後，準備要離開府城、回鑾北港，城內眾廟再次抬轎相送，沈受謙就介入調整神轎隊伍的順序，城內營兵也加入戒備，一切都是怕這些轎陣又再打起來。

各種市民，各種生活與聲音

府城好像經常以嫁妝都要裝滿一牛車的富庶豐饒印象而廣爲人知，不過，這些名門大戶或者紅頂商人，可不是府城裡唯一的住戶。百工職人、各樣百姓的人數是更多的，他們各自以獨有的生活方式過活，也是往昔府城城市生活的一部分。扛轎人就是典型的例子，他們雖然屬於勞力階層，但在地方社會上說話的音量，可不會比達官貴人小聲。

時至今日，現代府城人不再坐轎了。但畢竟扛了百餘年，府城轎子也沒這麼容易消失在時空洪流裡。現在還是可以看到轎班會的成員，踩著嚴謹步法，用力氣與汗水，在廟會裡延續百餘年的扛轎氣魄。

隨著他們步伐，也跟著上下擺動的神轎，彷佛是與舊城區的脈搏頻率，一起持續跳動著。

消防警笛聲

在湯德章紀念公園旁，矗立一座高塔，直上擎空、睥睨四方。簷下築巢而居的燕子，常在這座塔旁邊往來飛翔。輕盈的嚶嚶細鳴，伴著馬路上的車流聲，在圓環邊繞著繞著，餘音不絕。

不過，有時塔下會突然傳出高分貝的尖銳長鳴，壓過整個街區所有的聲音。那是消防車出動的警笛聲。

有時，這聲音感覺像帶著一股災害降臨的緊張感，但似乎也有成功救援的盼望。

長久的使命

這座高塔，以及塔下繞踞了圓環路口一隅的建築物，是完工於一九三八年的「合同廳舍」。這是日語，意思是「聯合辦公大樓」，當時作爲消防組詰所、錦町派出所、警察會館等單位的辦公廳舍。

台南合同廳舍整修前的舊貌。建築上大大的紅色「119」字樣，曾是許多人共同的回憶。

不過在更早之前，那座高塔就已經先存在了。後來的合同廳舍，只是以高塔爲中心繼續擴建而成。

一九二八年十一月十日，在京都，昭和天皇進行了登基典禮；而在府城這個地點，也舉行了高塔建築工程的動土祭祀儀式。這座高塔就是爲了紀念這次天皇登基而建，因此它有個「御大典紀念塔」的名字。

不過，這不只是一座巨大的紀念碑而已。塔上懸有警鐘，消防隊也駐紮在塔旁，它是一座兼具警戒與觀測功能的瞭望塔。只要城市裡有失火冒煙的地方，在塔上的人就可以迅速掌握方位和情勢，並且調動人員前往救災。

戰後，這座高塔仍是由消防隊進駐使用，現在的單位則是台南市消防局第七大隊中正分隊。塔下的壁面，曾經漆上大大的「119」三個紅色數字，是很多府城人往昔的共同記憶。

合同廳舍橫跨了兩個世紀，至今仍延續原本保護地方、與火搏鬥的消防安全使命。不過，這個使命不是從這個地方建成才開始，而是已經延續了百年之久。

太平之水

府城是人口與房屋相當集中稠密的地區，一旦發生火災，不只火源發生地會受到損害，火勢還可能擴大延燒，波及其他房屋。因爲這樣，府城人的防火經驗，很早就開始了。

講到救火，水源的儲備是首要之務。除了街上的公共水井，某些大宅院裡也有自己的井，有些在前埕或庭院，有些在屋裡。爲了方便不同的房間同時取水，有些人家更是設計成「半邊井」。

一些大戶人家的宅第花園裡會砌造池塘，像是枋橋頭的吳家園邸。現在，原本屬於吳家庭園的一部份——包含由大量珊瑚礁岩所砌成的假山「飛來峰」、水榭迴廊「作礪軒」，以及一方池塘——仍然留在台南公會堂的後面。

普通家戶，也會自備各種儲水的器物。最常見的是一種陶製大水缸，因爲有確保安全的效用，人們多稱它爲「太平缸」。

時代演變後，這種水缸已經不再使用。直到現在有時還是可以在一些觀光景點或仿古庭園裡，看到它們裝滿水，用來養魚、植花、栽浮萍；而原本屬於城市生活傳統的救火習俗，早已被遺忘。

熒惑之星

防火意識既表現在具體物品的擺設及準備上，也深深嵌入在府城人的文化及信仰裡。

府城的火神，是星辰信仰當中的火德星君。祂的原型來自熒惑星——也就是火星，對應的是朱雀、火象與南方。人們相信，只有是跟火有關的事，都歸祂掌管。

府城寺廟在作醮時，慣例上會先舉辦一場「火醮」儀式，恭迎火神降臨醮壇，請祂先幫忙驅逐境內各種火

往昔城內家戶拿來儲水的太平缸，現在大多變成魚缸了。

源，以保平安，完成後再送走火神。這個過程稱作「禳熒」。

除了臨時性的儀式，府城人也塑造火神的神像，長期祭祀。人們習慣將炎帝、祝融的事蹟與形象加諸在火德星君上，所以，像是法華寺火神廟裡的火神像，就是頭戴冕旒冠、身著金龍袍的帝王相貌，被稱爲「南極大帝」。

法華寺火神廟。

法華寺的火神廟，是一七〇八年由鳳山縣知縣宋永清主持建立的，是府城最早的火神廟，位在府城南方，也是熒惑星所對應的南方位置。

往昔，府城城內的市民會來到火神廟，將火神的神靈分到城內奉祀，祈求火源安定；每到農曆六月火王爺神誕時，城內各街各境都會排定日子，輪流回到法華寺祭祀，以及演戲酬神。

會祭拜火神，或者籌組火王爺神明會的地方，幾乎都是街屋相當稠密的商業地區，像是元會境、米街、佛頭港、普濟殿、小媽祖宮等地，以及位居大井頭與十字街中心地段的祀典武廟。

防火章程

在武廟附近的大井頭到十字大街一帶，原本是密集的熱鬧街區，若發生火災，常會因火勢延竄，難以控制。

十九世紀初期，這附近就連續發生了幾次大火。一八一七年，十字街燒掉六十幾間店鋪；隔年，大天后宮幾乎全部燒燬；一八二一年，大井頭附近燒掉一百多間店舖。

一八四〇年，祀典武廟附近再度起火，還延燒到很多其他房屋。隔年，祀典武廟決定聯合附近六條街的社區民眾，一起組成防火團隊，並且制定了一篇防火章程，要大家共同遵守、警戒防火。

大家慎重其事地將章程報請官府備查，還刻成石碑，安放在廟裡。裡面的內容，包括大家必須一起出錢購買消防用具，平時保管在爐主那裡，一旦有緊急事件，爐主要趕緊敲鑼通知大家，召集壯丁拿工具救火；以及其他跟防火相關的準備與動員方式。整篇章程，洋洋灑灑

祀典武廟內安置大量滅火器，防火傳統依然傳承至今。

總共編列十條規則。

這個防火團隊由武廟的六和堂主持。來到祀典武廟，穿過觀音廳兩邊的小廊，就會在後方遇見一處別有洞天的六和堂。堂內的火德星君，今日仍安座於神龕之內，只是當初六條街的地方社區組織，早已不存。

然而，在祀典武廟裡，很容易就能看到滅火器的蹤跡。安置於廟內的乾粉滅火器，總數超過五十支；而內部空間也有設置監視系統，與消防隊連線，隨時監看。這不禁令人想到，六和堂的防火傳統，彷彿今日仍然繼續傳承。

城市的聲音

我還記得小時候所看到的一幕火災景象，地點在沙卡里巴。那是一九八八年三月的一場大火。

在看到現場之前，我已先在家中電視看過火災消息了。不知道是隔天或者後面幾天，我跟著買菜的媽媽一同外出，經過沙卡里巴，見到一片燒得黑壓壓的街區。

那時最令我印象最深刻的，不是那片燒得焦黑脆弱的木柱架，而是貼在柱架上的幾張紅色大紙，上面以毛筆楷書大大寫著「銘謝救火」等字。至於一旁未被波及的其他街區，依舊人聲鼎沸，大家照常忙著採買，度過那個早晨。

原本在想像中應該是幽暗而消沉的災後現場，事實上卻有一股濃厚的生活力量。這或許這是讓我牢牢記住那個畫面的原因吧。

現代的湯德章紀念公園旁，當高塔下響起警笛聲，消防弟兄又緊急出勤。這長鳴著實令人不安，因爲那代表某個地方正發生緊急狀況。

不過，這般高聲倒也不是災難之聲，而是守護與救助之聲。這個守護之責，在高塔下持續不輟，且維繫著百年以來市民抑制烈焰的生活經驗。

蟲鳴鳥叫、汽機車引擎、施工、廣告宣傳車、嗩吶鑼鼓、便利商店開門的電子旋律曲調，這座城市每天都有各種不同的聲音。

當中，只有消防車警笛聲似乎不是那麼好聽。但那股尖聲總告訴我，這座城市一直有人在守護著。

節孝牌坊

府前路靠近小西門圓環的巷子裡，一道石頭打造的牌坊，靜立在祭祀李府千歲的福安宮旁，至今已兩百餘年。

十八世紀中期，二十一歲的蕭良娘小姐，與城南二府口沈家的沈耀汶先生結為夫婦。六年後，沈耀汶過世了，留下蕭良娘與一名幼子，以及她肚裡尚未出生的孩子。往後的日子裡，蕭良娘沒有改嫁，獨力撫養兩個孩子長大，也持續照顧沈耀汶的父母。

她的其中一個兒子，名叫沈清澤，長大成人後，花了一筆錢向官府取得京師國子監的「貢生」功名，也參與城內公共活動，儼然躋身為名望士紳。

一七九六年，沈清澤正忙著籌辦大天后宮的整修工程；同時，也為母親向官府提出「節孝」的表揚申請。兩年後，官府通過他的申請案，年過半百的蕭良娘獲得「旌表節孝」的頭銜；再過兩年，沈家門邊才蓋起這座雕花琢龍的牌坊。

這牌坊正中央的標題，大大刻著「節孝」二字，從很遠的地方很容易就能看到，極具宣傳跟表揚的效果。在兩旁柱子上，則有當時剛卸任台灣縣知縣的官員周祚熙，以及吳春貴、韓必昌等城內士紳的題字。這些城內的男性，都以優美文字讚頌著蕭良娘的事蹟。

在府城街道上，曾經有過幾座像這樣子的節孝牌坊。每座牌坊背後，都有一段府城女性的人生，以及圍繞在她們身邊家門、社會的種種故事。

牌位森林

牌坊上的「節孝」二字，「節」表示操守的維護，是固守清白、不改嫁、從一而終，簡單說就是守寡。「孝」則是對父母的遵循與侍奉——即便蕭良娘被表揚的，並不是侍奉自己父母，而是侍奉丈夫的父母。

節孝既是一種觀念，也是一套制度。隨著漢人移民的腳步，節孝從中國來到台灣，成爲社會規範女性人格的思想與標準。

根據古書記載，十七世紀中期，大約在今天忠義路與民族路的十字路口附近——以前叫做禾寮港街的地方，已經建立了一座牌坊，表彰當時因丈夫病逝、自己跟著上吊自盡的鄭宜娘。

接著清朝統治台灣之後，配合朝廷政策，府城在一七二三年興建了「烈女節婦祠」，奉祀列入節孝的女性。祠堂經過幾次遷移，最後落腳在孔廟邊，就是現在孔廟大成門旁的「節孝祠」。

今日來到孔廟，若步入這節孝祠，讓人印象深刻的，應該不是這寂然如幽的小空間，而是排列得密密麻麻的一大群神主牌位。

這麼多牌位，是十九世紀中期的整理成果。一八六七年，在道員吳大廷的推動下，城內的男性士紳，在今天民權路北極殿天心堂成立了「節孝總局」，負責調查城內女性的節孝事蹟，並且呈報給官府，作爲是否要將她們登錄節孝，並且請入祠堂奉祀的評估資料。

我總感覺，節孝祠裡這一整片牌位，好似森林一般。它們數量太多、排列很密集，如森林般，一株一株扶疏崢嶸。

每道牌位下，似乎都有一盤深根，支撐起它們。若眞有根，那麼糾結纏繞著的，是牌位主人所耗盡的生命與時間吧。

若獲得官方旌表爲節孝，女性在家族與社會的地位可能因此提升，並且有助於保有或爭取更多利益——卽便受益者並不一定是這些女性本人。

跟蕭良娘的故事一樣，一七四六年，位在上橫街的侯家，也在他們的大宅外建造了一座牌坊。

這座牌坊要表揚的不只一人，而是三人，分別是侯家的老夫人劉尾娘，以及她的兒子侯瑞珍、女兒侯罔娘。他們各有守節與孝子的事蹟，所以牌坊的標題，由當時的巡台御史楊開鼎題下「一門節孝」四字，成爲附近的顯著地標，因當地人稱「石坊腳」。今天的位置，在忠義路中華電信機房的東側。

侯家是府城的名門。隨著事業漸大，似乎也與他們後方的鄰居——以鄭成功部下陳澤後代而聞名的統領巷陳家，開始有所糾葛。

府城曾經流傳兩家鬥法的故事。傳說，陳家祠堂座落在城內風水極好的位置，但侯家卻在陳家祠堂的後面蓋起新房子。陳家認爲，侯家大宅這樣會壞了他們的風水，於是也鑿了一口井，方向正對侯家，進行反制。然而，侯家又再蓋起牌坊，風水反擊回來。

陳家思忖，要破解那牌坊的辦法，或許要破壞侯家的貞節事蹟。於是，他們僱人用計調戲引誘侯家婦女，並且廣為傳播。最後，還將事先準備好的水肥往牌坊上潑，壞其名聲、敗其風水。這座牌坊，竟成了兩家競爭的戰場所在。

這個故事被府城文人陳鳳昌記載在他的文集《拾唾》之中，只是一則十九世紀還在流傳的坊間傳說，也許不太能真的將裡頭的細節全部當真。不過，它多少反應了往昔城市裡不同人群爭執與競爭的現象。

而在這個現象裡，女性以她生命年華所構築的節孝旌表，可能只為家族門第服務，不但為其爭取名望、抗衡他人，甚至要幫忙抵擋意想不到的衝擊，就如同於來自戰場的動章一般，既是猛烈，卻又虛幻。

生命刻下的傳說

一八六三年，鄭氏向清朝投降後，寧靖王朱術桂的五位侍妾：袁氏、王氏、秀姑、梅姐、荷姐，在王府樑上，投繯自盡。

她們的遺體，被安葬在府城南方的桂子山，日後還蓋了廟，就是現在大家熟知的五妃廟。

廟內的墓碑，鐫著「寧靖王從死五妃墓」幾個娟秀字體。這些文字，說明了她們的殉身，並非爲亡國，而是爲了隨後也要自盡的夫君朱術桂。

不同於活著守寡，爲守節而殉身、結束生命的女性，稱爲「烈」。五妃的故事相當有名，但府城的烈女不僅只於此，且事蹟往往更加傳奇。

在城內，有一座辜婦媽廟，拜的不是一般神明，而是出身辜家的一位民間婦女。巧合的是，廟的附近也圍繞了一些女性的故事，這都是她們以生命刻下的足跡。

十九世紀中期，城內一位名叫陳守娘的女性，嫁進辜婦媽廟附近的林家。丈夫過世後，她原本想守寡，但丈夫的媽媽卻一直逼她改嫁，甚至加以虐待，因而在一次嚴重的凌虐之後，不堪痛苦而死去。

附近居民得知這件慘案，趕往縣衙去鳴鼓告官。然而，縣官卻想息事寧人，在檢驗遺體時，竟說驗不到傷，這可讓居民氣憤失控，大家成群堵住知縣去路，還拆了他的轎子。

面對眾怒難平，這件案子只得反覆再審，最終得以平反，民眾也將陳守娘厚葬在德化堂對面的山丘上。然而，當地開始流傳陳守娘冤魂不散，經常騷擾居民的靈異事件。經過附近永華宮廣澤尊王的協調，尊王降下指示，要幫陳守娘爭取入祀節孝祠，還她公道、平撫冤魂。

廣澤尊王的傳說難以證實。不過，孔廟節孝祠確實有一座刻著「欽褒節烈邑民人林壽妻陳氏守娘神位」等字的神主牌，幽幽佇立在那牌森林中。

在陳守娘事件之後，大約過了二十餘年的時間，城內有位姑娘，名叫黃寶姑，與另一位吳金先生訂有婚約。

一八六二年的初夏，戴潮春在台灣中部率眾起事抗官，彰化縣城被攻掠。原本受困在彰化動亂中的吳金，好不容易脫身，卻想直接返回中國內地，不願繼續留在台灣，因此向黃家提出退回婚約的要求。

黃寶姑還沒答應，但已有一位也喜歡她的染坊商人，帶著禮物要到黃家下聘。黃寶姑怕改聘失節，於是隻身前往南門城外的法華寺，躍入寺前的南湖，結束生命。

之後，當地民衆將黃寶姑奉祀在辜婦媽廟後面。

烈女事蹟令人敬畏，受到民衆祭祀，但其中也有陳守娘這樣的怪談，成爲城市常出現的都市傳說（urban legend）。

踏出天然足

雖然並不是所有女性都是如此遵循傳統規範，不過在府城，特別是名門之內，比例還是比較高的。

進入日治時期之後，這個現象慢慢有了變化。一位府城女詩人石中英，在一九一五年的詩裡，表達了對傳統規範的不滿：

> 亭亭鵠立意難平，羞比金蓮足下生；
> 徒裏雙趫新月樣，愧從紅玉出奇兵。

這首詩講的是女性的纏足習俗。纏足帶來扭曲凹摺的腳板，以及站立困難、步履蹣跚的走姿，但在部分男性眼中，這彷若「步步生蓮花」的三寸金蓮，也就是詩中所謂「徒裏雙趫新月樣」。石中英感嘆，因爲有這雙怪異的雙腳，讓自己雖然想效法中國宋代梁紅玉的氣魄，卻也不禁自覺羞愧。

日治時期開始，統治當局倡導廢除纏足風俗，恢復「天然足」；部分士紳也響應當局，在地方開始帶領放足運動。在府城，一九〇〇年許廷光就發起成立了「台南天足會」。

石中英出身西門城外頂南河街的石鼎美家族。她二十六歲時寫下這首詩，但因爲出生於晚清的名門家庭，還是避免不了纏足，趕不上二十世紀這波「放足」的新浪潮。

不過，詩句中還是掩藏不住她對追求知識、實現自我的感懷。石中英年輕時曾經設立書房，取名「芸香閣」，招收女學生講學讀書。一九三〇年，她再與蔡碧吟、韓錦雲等城內女性文人，共同創立了名爲「芸香吟社」的詩社，成員都是女性文人，是當時少見的女性文藝社團。

芸香詩社積極與台南及其他地區的詩社交流，也在報紙上發表詩作。女性創作進入了長久以來男性爲主的傳統文學活動裡，讓文學有更多發展的可能性，也爲女性的自我成就搭起一個新舞台。

往城外走

在纏腳布開始卸下後，越來越多女性踏出城外，懷抱自己的才能，奔向廣闊世界。出身傳統商賈之家的柯明點，是柯家五姐妹裡的老大。二十一歲，她前往日本內地，進入東京女子醫學專門學校就讀，取得醫學士學位及醫師開業執照。

之後，她先待在母校的附屬醫院進行臨床研究；接著遠赴中國大連的博愛醫院——由同樣是台南人的孟天成所開設的醫院——繼續從事研究工作。直到一九二八年，她才回到台南，開設「新化醫院」正式執業。

一九二九年，她與嶺後街的顏春芳結婚。顏春芳父親的顏振聲，將他的「愛育堂」診所交給柯明點接管，她因而成爲「愛育堂產婦人科醫院」的女性院長。

就在柯明點前往東京就學的同時，城市另一邊，有位名叫林氏好的女孩，也以她的音樂長才，正要踏入職場，成爲新鮮人。

畢業於台南女子公學校的林氏好，小時候常在太平境教會接觸音樂，使她擁有獨特的音樂才能。當年，她在末廣公學校兼任音樂教師，也進入台南師範學校教師南能衛所籌組的管弦樂團，擔任小提琴手；更在忠義路三官廟裡的台南第二幼稚園擔任教職。

一九二三年，林氏好與盧丙丁結婚，並跟著接觸台灣民衆黨及相關文化社會活動。然而，因爲盧丙丁活躍於社會運動，在當局隱然的壓力下，一九二八年，她被迫辭去幼稚園的工作。

卽使如此，林氏好並沒有跟著辭去自己的人生。她持續參與女性活動，像是加入台南女青年會、芸香吟社；也在工作事業上闖一片天。一九三二年，她加盟古倫美亞唱片公司，灌錄唱片，吟唱出〈一個紅蛋〉、〈紅鶯之鳴〉、〈咱台灣〉等經典名曲。一九四四年，她遠赴滿洲國，進入新京交響樂團擔任駐唱女高音。踏出世界的她，正如在一九三五年接受《台灣新民報》的專訪時所說：「我要努力使台灣歌能得進出於世界。」

這股闖蕩精神，不只見於這兩位女性，也延續到其他人。柯明點的妹妹柯明珠，沒有像姐姐一樣邁向醫學之路，而是與林氏好一樣，投入聲樂領域。

至於林氏好的女兒林香芸，也沒有像媽媽一樣主修音樂，而是經營舞蹈藝術。她與另一位同樣也是府城人的蔡瑞月，戰後都在台北開創舞蹈事業，闖出自己的人生與時代意義。

百年幽塵與光明

在大多是男性留名的歷史裡，府城女性循著社會傳統規範，透過牌坊、牌位、神像、傳說，為她們名不見經傳的人生，在這座城市裡留下一點隻字片語。

之後，纏腳布解開了，女性踏出步伐，追求知識與自我，天然奔放的足跡就此踏遍海內外。她們如詩歌般奔放的生命力，來自於嘗試新途的滿滿勇氣。在百年以前，這也許是很難想像的吧。

女性活動的轉變，反映出時代的更迭，也可以看出府城社會變化前後的軌跡。因此蕭良娘的牌坊，在過去是官府認可的表彰，今天則成為碩果僅存、令人稱奇的傳統遺跡。

那似乎在提醒我們，光明與自由，常源自於不太如煙的往事幽塵中。府城女生走過許多比男生還坎坷的路。跳出「嫁妝一牛車」這般刻板印象，她們的人生奮鬥故事，其實說也說不完。

教堂

在上個世紀末的二〇〇〇千禧年，出身仁德的藝術家林鴻文應市政府文化局邀請，於聖誕節到來前，在湯德章紀念公園——矗立在道路中央、當時市民開車或騎車其實很少多看幾眼的圓環中央，架起一株高三十二公尺、由鋁片與風鈴管打造的聖誕樹，成爲當時市區地標。因爲相當受歡迎，過了聖誕節與新年以後，那棵樹還繼續留著，直到隔年三月才拆除。

此後，圓環每年都會布置燈光，架起高聳的聖誕樹。周邊的消防隊高塔和公園路的太平境教會、中山路的聖母無染原罪堂等地，都會跟著張燈結彩。二〇〇三年整修完成的台南州廳——現在的國立台灣文學館，也會以夜間照明之姿加入輝映。

夜幕低垂時，這一帶就會閃爍點點光芒。不管信教與否，人們都爲這片夜景駐足流連，共享聖誕喜悅與恩典。在每年都持續舉辦的情況下，這般布置成爲府城歲末年終時氣氛濃厚的風物詩。

府城人迎聖誕也不是現代才有的活動。十七世紀，荷蘭人將新教帶了過來，在這片土地上讀聖經的不只歐洲人，也有原住民，甚至是華人。

一六六二年荷蘭人退出台灣後，上帝留下一點資產給祂的子民們，像是爲了讀經與記錄而生的羅馬拼音文字，仍持續被人們寫了至少一個半世紀。不過，上帝的腳步終究已遠離，下次再重回府城，已是十九世紀的事了。

當上帝重回府城

太平境教會是一座帶有簡單且潔淨線條的建築。它有一座白色高塔，往上伸展到天空上面，是這帶街區顯著的地標。每次來往公園路，我總喜歡用這樣的角度，盯著以藍天白塔爲中心的這一帶天際線。

這座白色教堂的名稱是「馬雅各紀念教會」。它的命名由來，刻載在教堂牆壁一塊大理石碑上。碑文是這麼寫的：

追念馬雅各醫生，即大英國長老教奉使來台倡首教士，主降生壹千八百六十五年五月，蒞任郡城。

石碑打造於一九〇二年，也就是教會初次新建的時間。碑文提到教會的名字，是爲了紀念首位到台灣宣教的馬雅各（James Laidlaw Maxwell）。

時間倒轉到一八六三年的夏天。二十八歲的蘇格蘭青年醫師馬雅各，與另一位傳教士杜嘉德（Carstairs Douglas），一同搭船離開英國。他要迎著大西洋的海風，前往未曾到過的東方世界，並將接下來的人生完全投入於宣教事業。

一八六〇年起，清朝與歐美各國陸續簽訂天津與北京條約，賦予歐美人士在台灣貿易、遊歷、傳教的權利。在這個背景下，馬雅各來到府城大西門外的看西街，租下一棟房子作爲禮拜堂與醫館，打算要一面傳教，一面免費幫民衆看病，以吸引人們前來慕道。

這座「醫療傳道」的禮拜堂，在一八六五年六月十六日正式開堂運作。剛開始生意還不錯，一些民衆也對布道有點好奇，偶爾駐足，聽聽外國人用不太熟練的福建話講道。群衆裡，就有一位名叫高長的人成爲慕道者，是馬雅各在台灣的第一位受洗者。至今，高家後人仍是長老教會的重要信道者。

看西街的布教之路

不過，約在六月底，城內開始流傳著奇怪的傳聞，甚至還被寫成文告，張貼在縣衙附近，大肆宣張馬雅各挖人眼珠做藥材的「黑幕」。隨著謠言擴大，民眾開始感到懷疑與不滿，並到禮拜堂找麻煩。

七月九日禮拜日下午，民眾聚集在看西街，聲稱要拆掉禮拜堂。馬雅各見到情勢不太妙，關上大門，請助手吳文水從後門溜出，進城向縣衙求助，自己則守在堂內禱告。

約兩小時後，知縣張傳敬終於抵達禮拜堂。但他說，自己也無法排解民眾行動，因此勸告馬雅各離開府城，他可以用這個理由暫時解散街上群眾，也可派人護送馬雅各安全出城。雖是百般不願，但在這個窘迫情勢下，馬雅各也只能選擇離開。七月十三日，禮拜堂關門了，一行人拖著行李離開府城，撤回南方打狗的旗後街。

這座開設不滿一個月的醫館與禮拜堂，屋子還座落在現在的仁愛街上，也就是往昔的看西街。它顯得滄桑而寂寥；但那高聳的紅磚古壁，又會將人帶往曾經拂著海風的那片繁忙港埠。

這裡之所以被稱爲看西街，是因爲曾經有一排房子西向面海，沿著岸邊蓋起來。隨著日後台江海域不斷淤積，海岸線往後退，街廓也跟著前進延伸。昔日向西的海景第一排，慢慢地也跟對面新蓋起的房屋對看了。

走進這座老屋旁邊的小巷子裡，還可以看見一道側門，這裡可能就是吳文水偷溜出門、前往求援的後門吧。當時，前門的看西街情勢混亂，爲了避開群眾，他或許得沿這條窄巷往後走，接上打粽街，再繞到風神廟，才能換別條路，轉往大西門進入城內，趕赴縣衙求援。

這條窄巷，兩邊皆是高聳磚壁，往上望僅有一線天空，往前望則是悠長廊語，有著五條港市街獨特的空間感；而曾有一份又驚又急的心情，迴盪在這片狹窄巷路之中。不過，另一邊原本是蔘藥行的古宅，二〇一七年已拆除成爲停車場，窄巷成爲了廣場的一部分，所以現在體驗不到當時急迫穿梭其中的感覺了。然而，當上帝重回府城，這裡確實就有如此一條搖曳而不安穩的布教之路。

城之境

至於城內另一端，天主教道明會神父、西班牙人郭德剛（Fernando Sainz）的宣教工作似乎也不太順利。

郭德剛雖然比馬雅各更早來到府城，但對於要在這座城市順利傳教，總沒什麼信心。直到一八六七年，他終於在八吉境的馬兵營——現在府前路舊地方法院一帶，向陳姓婦人租了房子，打算興建教堂，開啓傳教之業。

不過，馬兵營旁的名門紳耆——莊雅橋吳家的吳尚震，得知郭德剛租屋的消息，便帶領附近居民前來，要求郭德剛退租，離開此地。他們的理由，一下說蓋新房會影響附近的風水，一下又說男女雜處，讓居民觀感不佳。總之，郭德剛就是得離開。

面對居民的意見，郭德剛試著向府城的官員尋求協助，但得不到什麼具體回應，最後也只能退租離開。

郭德剛所面對的群眾，跟府城裡頭的「境」有很大關聯。那是一種社區概念，大約一條或兩條街，就會以寺廟爲中心，形成一個「境」。境內居民有時需要提供丁口錢，支持寺廟祭典與相關公共事務的運作；有時，也要一起出面處理社區的共有的問題。

府城的境早在十八世紀就陸續出現。隨著城市擴充發展，以及伴隨而來的治安與管理問題，境內除了彼此守望相助，也與官府合作，發展出民防組織，一些小境也聯合組成大境，稱爲「聯境」。

「八吉境」就是一個位在城內西南邊的聯境，由總趕宮、五帝廟、東轅門、重慶寺、莊雅橋、檨仔林、下太子、馬兵營、大南門等九個小境組成。各境簽署一份名爲「八吉境聯約規條」的文件，裡面列出十條規定，希望盟境彼此遵守，共同維護八吉境的安全與利益。

租屋問題，就被放在規約的開頭第一條。裡頭提到，房東要出租房子，必須租給誠實可靠的人。若房東不愼選房客，境內的大家就有權一起出面，趕走有問題的房客。所以，郭德剛所遭遇到的，與其單純說是的反對聲音，不如說是這座城市悠久的生活空間傳統。

卽使是現在，城裡寺廟牌樓或是匾額上的廟名，還是會冠有「某某境」的境名。而境內一些住戶家門上，也偶爾會看到寫有某某神明「聖誕千秋」、「合境平安」的緣籤——這是寺廟在境內募集緣金所貼上的標籤。

越南人的足跡

離開八吉境後，郭德剛搬到比較荒涼的小東門外，蓋了簡陋的屋舍，權作為教堂與育幼院，現在的位置可能在成功大學成功校區的總圖書館一帶。

即使如此，受到謠言影響的民眾，還是會來要求這個「製作毒藥害人」的傳教士離遠一點。就在一八六八年某次抗議行動中，群眾裡有幾個人——包含一位名叫葉連升的人，他原本任職班兵——竟然帶頭前來放火，把教堂給燒個精光。

這次，郭德剛決定透過西班牙駐廈門領事向官府討公道，最後獲得知府葉宗元賠償兩千元洋銀。這對道明會來說是一道及時雨，不僅讓李嘉祿神父（Ramon Colomer）在東城牆邊郊地重建一座兩層樓的天主堂，也站穩在城市傳教的腳步。

這當中，有一位駐會的神父，名叫韓若望，是來自阮朝東京地區的越南人。或許因為有著熟悉的亞洲面孔，加上有傳統漢學與中醫的知識素養，他常跟本地士紳打交道，拉近了教會與民眾的距離。

過幾年，韓若望爭取到開隆宮七星夫人境的土地，讓原本遠離街區的教會，可以重回熱鬧的市中心。一九二五年，教會在這裡興建了新的天主堂，也就是現在中山路上小巧精緻的聖母無染原罪天主堂。

市街裡轉個彎

至於長老教會，也在英國領事向官府積極交涉下，有了相對穩定的發展。一八六八年底，馬雅各重回府城，這次是到了府衙旁邊的二老口，向英國人的商業夥伴許建勳租房子，重新開設禮拜堂與醫館。

隨著教務穩定，禮拜堂在亭仔腳街又再增開了一座新堂；而醫館則往東邊發展，在彌陀寺後面的崙仔頂一帶新建醫院，所以二老口醫館有「舊樓」之稱，崙仔頂醫館則稱爲「新樓」，成爲今天新樓醫院與神學院一帶景象。

亭仔腳禮拜堂，位在青年路府城隍廟的西邊，現在若騎車經過青年路，車輛可能會壓過以前禮拜堂大廳的位置吧。因爲，日治時期爲了開闢「淸水町」道路——也就是現在的青年路，亭仔腳街屋一部份被徵收，其中也包括了禮拜堂。雖然官方有給徵收補償，但教會也趁這次機會轉移他地，另建新堂。遷建的地方，是教友吳道源所捐獻、位在溝仔底的土地。

一九〇二年夏天，新的禮拜堂在溝仔底落成了。它的外觀跟我們想像中異國風味的洋風建築不太一樣，而是一座紅磚砌造、紅瓦屋頂、在府城相當常見的傳統宅邸。九月中旬，禮拜堂舉行了獻堂禮拜；過幾天後，十六歲的青年林茂生，成爲這座拜堂第一位受洗者。

一九五三年，舊禮拜堂在落成第五十一個年頭時被拆除殆盡。隔年，一座潔白的新堂在原地建起，也就是今日所見的太平境教會。當時，它與不遠處的消防隊高塔，以及駐紮著空軍供應司令部的舊州廳，曾彼此相對遙望著戰後初期的台南市街。

不只建築面貌一新。這座新堂還有個相當大的變化，就是正門的位置。舊堂的正門口，原本面向枋溪河道——這也就是「溝仔底」地名的由來。而後面則是背對著當時剛蓋好的測候所——那是老一輩人口中的「胡椒管」。會有如此安排，是因爲當時的溝仔底才是主要道路。

一九一〇年代，當局實施市區改正計畫，一條筆直的道路，就從新堂與測候所中間穿過，往圓環接了過去。這條「花園町」道路，後來成爲市區的主要道路之一，也就是今天的公園路；而往昔的溝仔底，則變成了小巷道。

此般空間的翻轉，讓新堂不適合再繼續面向往昔的溝仔底小巷，因此跟著轉了一百八十度，將正面改朝向公園路。至於溝仔底的舊大門，也降爲新堂的後門了，直到現在，仍有兩根門柱依然靜佇於此。

建築物轉了個彎，是全新的考量，也是市區變化的舊軌跡。

綿延的守護

據說，太平境內曾經有一座土地公廟，太平境之名原本是廟宇的名字，只是之後廟不知所蹤。若眞如此，那麼這片地方，就是由耶穌基督接著照護了。

而在太平境旁的湯德章紀念公園，往昔稱作「三界壇」，得名於一座三官大帝廟。日治時期爲了闢建圓環，三界壇遭到拆除，神尊流落到現在忠義路上的三官廟。接在三官大帝之後照耀這個地方的，則是每年歲末一片溫煦幻亮的聖誕恩典之光。

這座有廟也有教堂的悠久城市，有不同的人一直這樣來來去去，也一直不斷這樣被守護著。

高樓

我滿喜歡看天空。這跟喜歡看海一樣，無際無邊，那會將一股寬闊與放開的感覺，帶給站在土地上渺小又細微的我。

整個地球都共享同一片天空，但每個地方看起來的感覺，卻不盡然相同。或許是因爲地景、建築與人們都不一樣，每個地方，都有它獨特的天際線。

我喜歡府城的天空。這裡的舊城市街輪廓，還有這裡的人們的步調，都讓此處的天空跟別的地方不一樣。特別在寂靜夏日的午後，看著白雲默默飄動在雖燠熱卻又帶點微風的舊城藍天裡，這般放空，足以被我譽爲最精緻優雅的發呆。

不同的時間裡，不論是在閒情逸致時、或者忙碌片刻下，應該也有人像我這樣，偶爾抬個頭，望望這座城市的天空吧。

不過，不知道他們當時所看到的天際線，會是什麼樣子？有時，發呆到一個極致，這種問題就像天空的雲朵一般，沒來由地冒出來。

更接近天空

以往府城裡的房子，大多是獨門宅院，且幾乎是一樓平房；少部分是會在宅院後段進落蓋出兩層樓的樓閣。

但換個地方，若是在密集的商業街區裡，像是城西的五條港地區，兩層樓的街屋就相當常見了。

這類房子除了當住宅，還可兼作店舖，以及貨物的裝卸與倉儲空間。它們的格局既高又窄、且長而深，走進屋裡，會先感受到幽然縱深的空間感，到了中庭天井，往上望，頭頂有一隅由四面高牆隔出來的小天空。這應該是穿梭於熙攘市區與水路狹巷的當地人們，當時所最熟悉的天空視野吧。

至於三層樓以上的建築，早在一七一五年的春天，擔任道員的廣東人陳璸，已經在孔廟蓋起一座三層樓的文昌閣。

文昌閣是往昔讀書人奉祀文昌神的地方。讀書人相信，文昌神可以保佑自己考試唸書無往不利，文運昌盛亨通。

今日，文昌閣仍座落在孔廟明倫堂旁邊。進到閣裡，縮著身子小心翼翼爬上二樓，就可以見到文昌帝君神像；再爬到三樓，能看到魁星神像。這兩尊都是主掌文運、助奪名次的神明。其他寺廟中有所謂的「五文昌」，必定會包含這兩位神尊。

依陳璸的描述，當時登上這座樓閣，往東看得到大山，往西看得到海，往南看得到鳳山——現在高雄一帶，往北則看得到萬壽亭——現在成功大學一帶。照這個敍述來看，這座閣樓或許是當時府城難得一見的高樓，不過，現在周圍已經滿是樓房，沒辦法再看到陳璸眼中的寬廣視野了。

再過一段時間，一七四一年的春天，城內士紳龔帝臣等人爭取到巡台御史楊二酉的支持，在現在南門路附近、靠近台南女中的地方，建起一座名為「秀峰塔」的五重寶塔。

這座塔的高度接近十七公尺，比大約十四公尺的文昌閣又再高一些。它是為了補充孔廟在東南方——八卦方位上的「巽」方——的風水格局，不過，好像也很快就倒塌消失了。府城史上很少出現寶塔建築，這座五重塔彷彿是幻之塔，來去匆匆，沒留下太多線索。

後來，城內的書院，像是崇文書院、奎樓書院，也都蓋起文昌閣，都跟孔廟文昌閣差不多高。而一些重要寺廟的大殿，像孔廟大成殿、祀典武廟正殿、大天后宮正殿，高度同樣接近孔廟文昌閣。

寺廟的屋頂都沒辦法登高，但文昌閣、秀峰塔，甚至舊荷蘭城堡紅毛樓——也就是赤崁樓，都可以拾階而上。不少人們曾經流連在這些樓閣，俯瞰當時的城市景觀，並吟詠詩文，試著更接近天空。

新市區的天空

一九一四年，原本在縣孔廟裡辦公的台南地方法院工作人員，正在打包各種資料器材，開始要搬進剛蓋好不久的新廳舍。

全新的法院，座落在舊城南邊的馬兵營，建築外觀相當引人注目。除了因爲它擁有歐式異國風格的氣派外表外，它的西邊豎立一座高塔，是當時府城人從沒見過的高聳建物。

設計這棟法院的建築師，是來自大阪的森山松之助。他就讀東京帝國大學工科大學，在歐洲學成歸國的第一代新建築師辰野金吾等人指導下，傳承了近代建築技術。畢業後，他來到台灣，進入總督府營繕課任職，將這套技術落實在政府廳舍及重要機關的建築設計上。像台南地方法院這般歐洲古典式樣，曾是來到台灣的這批新銳建築師所擅長的設計風格。

而那一座高塔，並不是森山的首次嘗試。大約與此同時，他也在台北的專賣局、總督府廳舍設計案中，加進了高塔。總督府廳舍——也就是現在的總統府，那聳立於正中央的大尖塔，至今仍是整棟建築物最醒目的特徵。

相較於總督府與專賣局，法院的高塔，看來沒那麼華麗，倒是多了點清新雅淨。不過在當時府城人眼中，它們沒那麼和藹友善，那一高一矮、一瘦一胖的造型，曾被人們想像爲幫城隍爺執行捉捕任務的高爺、矮爺——七爺謝必安與八爺范無救。

日治時期的近代國家法律，特別是〈匪徒刑罰令〉之類的酷法，曾是政府威權控制領地秩序的其中一套系統。一九一五年的西來庵事件，就在這座當時才剛使用第二年的法院裡進行審判，八百餘人被判處死刑，引起了輿論譁然。七爺八爺的形象，也許正反映了當時人們面對日本政府最直接的觀感。

一九六九年，因爲安全因素，高塔遭到拆除。對往後的府城人來說，這裡就只有東側圓頂的樣子，西邊什麼都沒有，七爺身影不再復見。

在蓋起這座法院之後，城內也陸續出現了近代樓房。而大尺度又具異國風味的公

台南地方法院的高塔早已拆除，也因為找不到設計圖而無法重建，目前只能以「天塔」的藝術手法來追憶。

共建築，像是一九三〇年完工、約二十五公尺高的御大典紀念塔，就是現在湯德章紀念公園旁的消防隊高塔，也跟著改變了府城的天際線。

電梯登高

不論是法院高塔或圓環邊紀念塔，都不是一般民眾能隨意登上的。對府城人來講，也許要到末廣町銀座通的林百貨店落成，才有最初的登高體驗。

林百貨店，連同現在中正路上一整排街屋，是一九三一年開工、隔年完成的同一批商店街建築。建築

「五層樓仔」林百貨的出現，曾經讓府城人可以再往天空更靠近一點。

的設計，出自台南州內務部技師梅澤捨次郎之手，因此整條街擁有相似的外觀，像是頗富趣味的小陽台、八角型氣窗，以及令人印象深刻的黃褐色溝紋面磚。

這條商業街，是因開闢末廣町道路而隨之興建的。末廣町道路穿越了府城舊街區，將大正公園——今天的湯德章紀念公園，以及運河碼頭——今天的「河樂」親水廣場，兩個地方連接起來。這是一條全新的道路，也是第六條連接到大正公園的城內主要幹道。

此後，商業街有了「銀座通」的名字，那是引用自東京著名的高級商業區之名。戰後，則是改稱爲「中正路」，直到一九九〇年代以前，也繼續傳承著府城繁華大街之名。

就在商業街完工的一九三二年，林百貨店就在銀座通與白金町的轉角交會處正式開幕了。

這是由山口縣出身的日本商人林方一所開設的百貨公司，共有五層樓，府城人慣稱「五層樓仔」。各樓層裡有不同的商品櫃位，第五樓層也有喫茶部與餐廳，經營形式已經大致像是現代的百貨公司了。它與早幾天在台北開幕的菊元百貨，共同將百貨公司的新體驗帶給台灣人。

林百貨店的樓層總高度，跟不遠處的合同廳舍高塔差不多；但若加上正中央山牆頂端的旗桿，高度就逼近三十公尺了。人們光是站在勸業銀行——現在的土地銀行前方路口，遙望著旗幟在頂端飄揚的百貨店高樓，就能感受到一股新時代的摩登感。

不僅如此，走進店裡，爬五層樓的樓梯，也是另類的高度新體驗。林百貨店因此設有電梯，可以讓顧客不必爬得氣喘吁吁。

電梯裡，會有穿著制服的電梯小姐顧守在拉桿旁，爲乘客操控電梯的昇降，以及手動拉門。直到現在，即使電梯已全部自動化，部分日系百貨仍然保留了電梯小姐的傳統，繼續優雅地幫顧客操作樓層按扭。

電梯可能並不是當時人們的新經驗。我曾在新町的新松金樓裡，見過電梯的遺構。

新松金樓是一九二七年開業的和漢料理酒樓。它跟當時城內的廣陞樓、寶美樓等酒樓建築一樣，也蓋了四層樓。

一九二九年，台灣工友總聯盟第二次代表大會在此開會，蔣渭水等與會成員曾經在樓下排排坐，拍攝團體照，樓上懸著「同胞須團結，團結眞有力」的著名口號布條，爲新松金樓留下了最有名的樣貌。可惜的是，這座酒樓已在二〇〇五年拆除殆盡，不再留下片壁。

至於林百貨店，經過現代整修之後，在二〇一四年重新開幕，重啓城內第一座百貨公司的風華，裡頭的電梯也跟著重新運作。那並不是老電梯，而是安裝現代的自動電梯。不過，電梯門口上方的樓層指針也跟著重新動作，同時順勢擺動了府城人的記憶與感動。

望海的高度

中正路與康樂街交叉口，曾矗立一座如廢墟般的高樓，名叫「合作大樓」。

那附近一帶，原本是台江內海水面的一部份。因爲內海不斷淤淺陸化，昔時的波光粼粼逐漸消失，但到了日治初期，還是有殘留一些低窪塭地。

一九三〇年代起，這裡一帶陸續被塡平，出現整齊的棋盤式街廓，也就是倚臨運河碼頭邊的「田町」市街。大菜市西市場附近的熱鬧人潮，也開始往這邊連接過來。

戰後，這裡開了一間「台南戲院」，專門演出歌仔戲，而且擁有自己的歌仔戲團「光興社」。戲院歇業後一年多，一九六二年底，在西區合作社出資下，合作大樓在此正式動工，到一九六四年完工開幕。

合作大樓有地下二層、地上九層，府城人俗稱「九層樓仔」。裡面有王子大戲院、中一百貨店、台南大歌廳、王后大戲院，以及最上層的兒童樂園。這是戰後台南第一棟鋼筋混凝土造的現代大樓，也是當時台南最高的大樓，更是綜合商業大樓經營模式的首例，在府城變成現代都市的過程中，合作大樓應有獨特的地位。

若說是林百貨將電梯介紹給府城人，那麼介紹手扶梯的，就是合作大樓了。當時在百貨部門裡的手扶梯，曾經引起大家注目，據說甚至有外縣市人特地跑來看。而遊藝場、撞球間、泡沫紅茶等店，在一九七〇、八〇年代也陸續進駐大樓，共同營造後面世代的記憶。

然而，因爲缺乏管理與維護，合作大樓終究逃不了衰老頹敗的命運。它的瓷磚逐漸剝落，鋼筋外露，也曾引發幾次火災，並造成一名消防人員的殉職。人們逐漸疏遠它，甚至被認爲是要剷除的都市毒瘤。

雖然同樣有城市建築發展的代表性，但合作大樓卻無法像林百貨一樣，獲得重視與重生的機會。二〇一四年，它被拆除殆盡，一切歸於飛灰，結束五十餘年的歲月。

由於這裡比林百貨更靠近海濱，往昔在大樓往西邊望，可以看到遠處的安平，以及運河碼頭附近船舶忙碌往來的繽紛水景。

日後，碼頭被填平、中國城建起，這個畫面被擋住了。如今中國城已被拆除，附近恢復了一點原本水景和天空的感覺。

若這棟大樓舊址，又重新起建另一棟新廈，那麼未來的人們，也許能再度回到往昔那望海的高度吧——如果那時候的人們還記得這裡曾經有這麼一個角度、有這麼一座合作大樓的話。

摩天高樓

九層樓仔雖然一度是市區最高的大樓，但幾十年後，比它高的大樓陸續冒出，合作大樓也不再那麼稀奇了。

一九九〇年代，台南火車站後方，長出一座超高層的藍色摩天大樓，再度改變舊城區的天際線。府城人最早先是叫它「良美大樓」；之後遠東百貨進駐開幕，大家又習慣叫它「後站遠百」。

它是建築師廖慧明設計的作品，外觀是玻璃帷幕的圓柱體，邊緣再依附一道較小的圓柱，增加了造型上的變化。無獨有偶，在台北市仁愛路上的國泰總部大樓，是廖慧明與郭茂林合作設計的作品，它方形樓體也依附著一根突出圓柱，跟良美大樓的感覺相當類似，像是姐妹作一般。

良美大樓完工於一九九四年，總計三十八層樓、總高一五〇多公尺，等於六個合同廳舍望火樓的高度。

興建這座大樓的良美建設公司，原本有將它作爲百貨公司與飯店的規劃，結果在大樓完工沒多久，公司卻因爲周轉不靈，在一九九五年倒閉了。

很久一段時間，那座藍色大圓筒，一直靜悄悄立於火車站後方，什麼動作都沒有，彷如像是一尊無聲的巨人。那陣子，常有攝影人士偷偷潛入，費進力氣爬上頂樓，只爲了換得一片俯瞰府城市區的難得景色。

大樓的下一任接手者是遠東集團。一九九七年，遠東百貨成功店在樓下開幕，在公園路老遠百重新改建之際，擔負起遠東百貨在府城市區營運的重任。二〇〇九年，遠東香格里拉大飯店也正式開幕，良美大樓的運作逐漸步上軌道。

不過，這座摩天高樓突然冒起，直到現在，還是給我留下深刻的視覺衝擊。

不斷長高的城市

小時候，我記得孩子們之間曾經口耳流傳著這般的故事：城市裡頭有幽靈船，會在各個百貨公司頂樓往來停泊。

會有這種都市傳說，也許是因爲以前百貨公司常在頂樓蓋兒童樂園，結果，遊樂設施裡的海盜船就變成幽靈船了，甚至還會飛來飛去。

每當城市的天際線改變時，似乎總會出現各種新奇觀感，以及後續的奇異想像。這也許是不同時代的人們，看著這座城市天空不斷改變，因而產生了不同的奇特感受。

所以，這座城市不斷在長高，也不斷把前所未有的經驗與畫面，帶給生活在這座城市的人們，讓他們去編織出各個不同時代記憶的天空。

東門城圓環前的東門路二段，高樓林立。懸在半空的招牌，跟下班時間的車流一樣，倚前靠後，彼此雜豔眩目。很難遙想，這裡以前是人們喚作「春牛埔」的一整片空曠之地。

清治時期，每到新春前後的立春之時，官員會到大東門外舉行一場「迎春牛」的儀典，也就是造一隻牛的塑像，迎進城內繞巡街市，最後來到衙門口，官員手持鞭子打春牛象徵迎春，並且勸導農人記得要準時開耕。大東門城外就是活動的起點，「春牛埔」因此得名，

鞭春牛的城外郊地，現化作東門路二段每天的車水馬龍。

而大東門本身也有「迎春門」的別號。

春去秋來數百載，這片城外郊地陸續發展起道路與市街，古稱「東門外街」。現在的東門路二段，就是東門外街其中一部份。

一八二二年六月，在這東門外街，曾經發生一場火災，原因相當離奇。

甜到冒火

當時正值盛夏之日，或許因為天氣太熱了，高溫烈陽之下，市街某處空地的地面開始蒸騰冒煙。居民見狀，急忙往地面灑水要降溫，誰知水一灑下去，火焰就在地上燒起來了。

這片火燒了三天才熄滅，每天吸引城內千餘人前往圍觀。大家都在想，地上除了白糖碎末外，就只有舊污泥與廢土了，好像也沒什麼可以直接點燃火焰的東西。不過就灑個水而已，又不是倒油，怎會著火呢？大家一頭霧水，無法知曉箇中原因。

七年之後，還有人記得這場奇怪的無名火，城內士紳林師聖就採訪到這個事件，收錄在《台灣采訪冊》。因為當時人們還是不了解起火原因，所以林師聖在文章最後，也只能留下一句「火何自來？」的疑問。

林師聖對事件的描述不多，很難從中了解起火的詳細狀況。但因爲他提到了地面土壤的狀況，也許能從那些線索來推敲。

之所以起火，關鍵可能是地上的碎糖。糖是碳水化合物，可以燃燒，但燃點較高，所以在一般熱源下不太容易燒得起來，最多只會變焦或融化。因此，地表上所冒出的煙，可能是來自地上這些高溫下受熱的碎糖。

當人們向地上灑了水，糖變濕了，沾染上土裡的灰塵或其他細末，那可能作爲催化劑，使糖燃燒起來。大東門外滿是碎糖的地面，或許因爲如此，才瞬間萌起一股熱情的甜蜜之火。

滿地都是糖

甜到冒火，也許只是化學變化罷了。比較離奇的是，府城這個地方竟然滿地都是糖，還因此著了火。這感覺就好像府城的糖多到可以灑滿地，是座豐美天府之國，是片童話糖果森林。但眞實狀況或許不是如此夢幻豪奢。

根據《台灣采訪冊》記載，大東門外那些糖，並不是故意灑在地上的，而是「白糖行碥碎」，也就是運送過程中不小心掉落的碎糖。

大東門是往昔府城通行最熱絡的城門之一。它在城內連接「大街」，也就是現在的民權路，在城外連接現在永康、仁德、歸仁、關廟等東郊地區。那裡有大人廟、舊社街、關帝廟等重要村落，還有大批田園土地，許多由城內紳商老爺當包租公地主，生產米、糖等經濟作物。

一八七三年，美國博物學者史蒂瑞（Joseph Beal Steere）與同伴及漢人挑夫等一行人從府城出發，要前往埔里進行調查工作。他從大東門出城後，映入眼簾的郊外景觀，就是沙地上整片紫色短節甘蔗、一望無際的稻田，以及佇在田野之間的村落。那蔗園景觀，早在十七世紀開始，就是台南地區附近典型的農作風景之一。

城外的糖，曾經長期且大量通過大東門，送進府城內。城裡許多人要用糖，也有許多人靠糖的外銷賺錢。就因爲位於貨運動線上，很多業主與糖商都聚集在大東門附近，包含大人廟街、祝三多街、龍泉井街、彌陀寺街、東門大街，以及城門外的東門外街等地方，今日都是東門路的一部分。

載著糖的牛車，或許就曾經一輛接一輛，不斷穿梭於大東門的城門洞，經年累月下，掉了滿地的細碎糖末，累積出可觀的份量，最後在一八二二年突然冒起火來。這不是富麗的豪奢，是府城曾有的榮景。

甜蜜之地

甘蔗採收之後，會送到糖廍，讓牛兒賣力拖著沉重的石輪，榨出蔗汁，經熬煮後提煉出色深質

祝三多土地公廟附近，是日治時期的知識菁英陳逢源的成長之地。

雜的粗製糖。部分的粗製糖，還送到糖間進行再次加工，提煉出無雜質、純度高的精製白糖。

在東門大街附近，就住了不少城外糖廍的老闆。祝三多街——就是現在祝三多土地公廟前方的東門路，曾住著一位名叫陳挺的人。他經營的「拾合記」糖廍，位在城外的牛稠子村落，今日是仁德區保華路的保華宮附近。一八九三年，陳挺的妻子葉薏，在祝三多街自宅生下一個孩子，日後成爲活躍的知識菁英與企業家，名叫陳逢源。甜蜜之味，也曾萌長出知識文化的綠芽。

精製的糖間，在城裡也開了很多家。由於府城產製的白糖品質很好，像玉石般晶瑩剔透，人們俗稱「府玉」。不少糖間的店號會

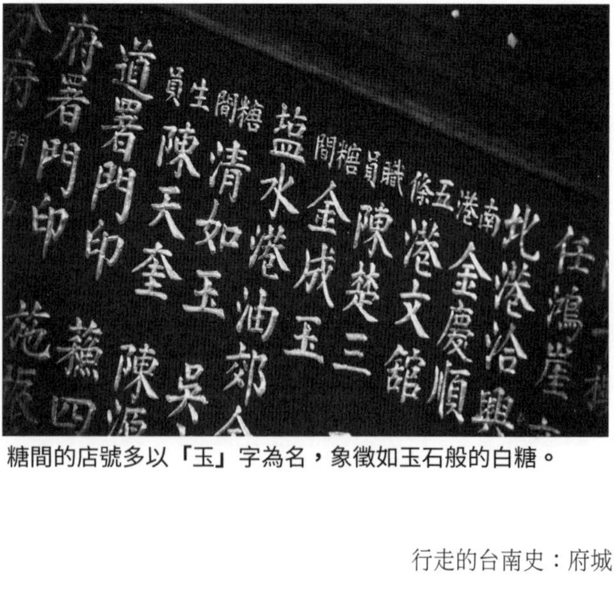

糖間的店號多以「玉」字為名，象徵如玉石般的白糖。

以「玉」字爲名，像金成玉、清如玉、玉發號、秋玉號等。

現在新樓醫院與鐵路之間，曾有羅文旺經營的「廣逢春」糖間；而隔著祝三多街對面，則有黃江經營的「錦祥記」糖間。這兩座糖間掌握了龐大的製糖量，一九〇二年台灣製糖株式會社開工首年的產量，也還追不上它們。

除了製糖，還有賣糖。府城商人將糖批發外銷到日本、東南亞等地；一八六〇年台灣開港後，在外國洋行經銷下，也繼續拓展到歐洲、美國、澳洲等市場。世界許多地方都曾嚐過來自台南的甜蜜滋味。

而在城內，最需要用到糖的，就是製作各種粿類製品與糕餅甜點的粿店，因此他們也常兼煮冰糖、煮冬瓜露、賣糖。至今，城內的各式糕餅舖，不論是做傳統嫁娶大餅的，還是做精緻配茶小糕的，甚至是做西式台味點心的，都承襲著府城點心的精緻韻味；而路邊一杯冰涼沁心的冬瓜茶，也有府城釀了百餘年的甜蜜滋味。

這甜蜜之地，在二十世紀前後開始有了變化。廣逢春糖間旁，原有另一座張建記經營的糖間。一八九六年，長老教會以一千四百銀元的代價，取得這座糖間及周邊土地，供二老口街的舊樓醫館遷來使用。歷經百年發展，那裡成爲現在新樓醫院的

老點心鋪櫥窗內迷人的甜美，這是歷史遺落在這座城市中的味道。

樣貌。

對面黃家錦祥記糖間，也在一九一三年拆除，由黃江的兒子黃欣、黃溪泉兄弟改建為偌大的園邸，稱作「固園」。園裡有兩棟氣派的洋樓宅邸，還有名為獨醉齋的書房、名為四梅草堂的會客室，以及快樓、聽雨亭、渡月橋、小孤山等各式樓閣與景物。

池水庭園雖然取代了原本的製糖之景，但也是蘊育於斯。不過，一九七八年固園拆除，化作鐵路與高架橋縫隙中的公寓住宅。聳然林立的現代樓房，已經看不太到甜蜜之地的過往景象。

府城潤餅配料多，放砂糖更是奇特的一絕。

遺落的甜味

不只一次有人對我說：「台南的食物，吃起來可眞是十足驚人的甜啊。」我對這描述其實沒什麼具體感覺，反倒心中自忖「這吃起來不就本來是這種味道嗎，有這麼驚嚇嗎。」看來，甜味可能已經內化爲我所熟知的家鄉味，內化爲這座城市專屬的獨特味覺。

話是這麼說，但我也會對城內一部分甜味感到不解。像春捲——府城人叫潤餅（lūn-piáⁿ），除了高麗菜、豆干、皇帝豆、豬肉、油麵等基本鹹配料之外，府城人還會將白糖摻進花生粉裡，一起包進餅皮，吃起來還有脆脆的糖顆口感。「既然已經有了鹹料，爲何還要再包進糖，把口味轉甜呢？」這個疑問，經常拌和著鹹甜的衝突奇幻之味，讓我一起呑進肚子裡。

府城人煮吃，糖確實是重要調味料之一。爲何會如此，說法很多，有說是福州人帶來的料理習慣，有說是府城人是故意要加糖顯貴氣，總之沒有定論，有些解釋反倒略顯牽強。

但不管如何，因爲是糖貨的重要流通集散地，這座城市的人們要取糖調味，比起其他地方，絕對是相對便利的。也許，環境與歷史的條件，不但支撐了商業或生活上的需求，也支撐了城市裡物質與消費精緻化的趨向，繼而反映在糕餅、點心、甜點、冰品等飲食文化，成爲現在府城傳統飲食的特色。

所以府城的甜味，可能就跟大東門前滿地糖一樣，是時間累積的結果。之後，雖然時間帶走了城區舊貌，淘盡了甜蜜地景，但還是沒帶走甜味，讓它遺留到現在人們的味蕾上。

對於外地人而言，這道甜味嚐起來，可能還是不太習慣吧。但是對府城人來說，甜不甜，可能不是太大的重點。

重點是，一嚐到這甜味，就會知道自己回到家了。

虎爺

台灣有不少原生貓科動物，像是雲豹，或者石虎；但就是沒有現代人熟知的老虎。不過，府城裡到處都有老虎的身影，它們的主要棲地是在香煙嫋嫋的寺廟裡。

虎爺公——也有人叫做下壇將軍，是台灣民間信仰很常見的神祇。祂們睜著圓滾滾的大眼，像是傻笑一般咧著嘴，端坐在正殿神龕下方，自成一室，獨有天地。

即使位置很隱秘，進廟裡拜拜的人們，也不會忘記這裡，總是小心翼翼、屈膝蹲下，持香拜一下祂們。記得小時候，隨媽媽到廟裡，也常被叮囑要鑽到桌下拜虎爺，因爲虎爺公是孩子們的守護神兼好朋友。

山中無虎城中有

不只一般民衆，以往府城裡，還有一些特定人群會拜虎爺。賭徒會拜，在衙門工作的差役跟胥吏也會拜。這或許是因爲虎爺也被認爲是財富的象徵，所以現在一些廟裡的虎爺們，也接受民衆求財。

在孔廟裡，我看貓，貓也看我。城裡的貓科動物們，一直在看顧著這座城市的來與去。

這些衙門裡的辦事員，習慣把虎爺稱作「虎老爹」。據說，如果他們很久沒「獲利」了，就會準備豬肉跟酒，好好祭祀虎爺一番。一八四九年來到台灣擔任府學訓導的福州人劉家謀，就曾經作了這樣一首詩：

> 山中無虎城中有，虎曰老爹恣哮吼；
> 虎兮猶足伏吏胥，堂上老爹恐不如。

這首詩讀起來，其實是帶點嘲諷的。字裡行間說的，是這群奉虎老爹爲首的辦事員，平時已經是橫行無阻，大概連公堂上的正牌上司老爹，也都拿他們沒辦法了吧。

劉家謀會這樣描述，並不是沒有來由。就在他到府城任職的前幾年，府城才剛跑出一頭橫行城內的大老虎。

府城寺廟幾乎都有奉祀虎爺，有些還不只屈就案下，而是直接躍上桌。

通城大虎

現在，走進衛民街跟萬昌街交叉口的這帶街巷，會發現這裡聚集了一些小賣店、咖啡店、酒吧，但又保有一點巷道內的氣息，跟外面青年路與北門路相比，仍是別有一番感覺。十九世紀初期，有一位名叫許朝錦的人，就住在這裡。

這裡的隔壁，就是知府衙門。許朝錦在府衙裡上班，擔任書吏，平時負責衙門各項文書工作。

雖然只是非正式職缺、薪水也不高，但因爲經手各種公務案件，也跟不同官民人士接觸，許朝錦在這些過程中，「獲利」甚多。不管是各種地方事務，或者蓋考棚、建設大東門城牆、整修台南孔廟等大工程，都包攬在他的手中。當時城裡人們說：有隻偸吃的大老鼠，竟然變成橫行全城的大老虎，因此管他叫做「通城虎」。

然而，再怎麼橫行，也有踢到鐵板的時候。一八三八年，許朝錦被告發疑似涉及貪瀆專擅，特別是侵占了板橋林家林國華原本要捐給府城蓋城牆的資金。

經過審理，許朝錦被判處發配新疆；但是，官員們卻幫他求情，弟弟許朝華更砸下巨款幫哥哥贖罪。當時，清朝正忙著跟英國人打鴉片戰爭，許朝華這筆錢，無疑是一陣及時雨，因此成功讓許朝錦躲過這次大劫。

最後，許朝錦只被革去用錢換來的功名。但日後照舊把持權務，自由進出衙門。

搏虎

一甲徵租近一車，賦浮那得復言加；
多田翁比無田苦，怕見當門虎老爹。

這是劉家謀所做的另一首詩。裡面提到，糧稅徵收問題是當時人們的一大困擾，如果不繳稅，班役馬上就會把人拘押。大家一見這群「虎老爹」，頭就大了起來。

一八四二年，因爲官府徵收糧稅的標準不公，府城大東門外的農人，在歸仁過港仔的郭光侯帶領之下，集體向官府陳情，希望官府比照正常往例來徵收糧稅，減低大家的負擔。不過，包辦收稅工作的許朝錦，非但不肯讓步，還故意給郭光侯羅織了反抗官府的罪名，竟導致郭光侯被官府追捕。

郭光侯逼不得已，帶著鄉人集資的盤纏，想盡辦法逃離台灣。他千里迢迢跑到北京，最後在御史的協助下，向道光皇帝告了御狀。

之後，案子在皇城審理結束，許朝錦被確認有誣賴郭光侯之舉。這頭老虎又再度被搏倒，發配到新疆為奴。此次他命運已定，無法像之前一樣再翻身了。

許家雖然遭受這次重大挫折，弟弟許朝華還是很努力維持形勢。靠著他的生意頭腦，許家經營樟腦的開採與買賣，也跟外國商人開始建立關係，順勢搭上一八六〇年台灣開港後的貿易市場。他在二老口街的豪宅——一八五二年，知府朱材哲為它題了「卯橋別墅」的名字——也租給英國副領事郇和，作為他駐在府城的館舍。

虎之國

一八九四年，日、清兩大帝國，以朝鮮東學黨事件為舞台，進行一場大決戰，也就是甲午戰爭。最後，日本取得勝利，為他們的西化維新運動，進行了一次成果驗收；而被擊潰的清朝，又得割地賠款，台灣因此再度面臨另一個外來政權的統治。

為了改變台灣改朝換代的命運，一八九五年五月二十五日，「台灣民主國」在二十一響禮砲的鳴放下，在台北城正式豎旗立國。

這面民主國的國旗上，畫了一隻黃色大老虎。在製旗者的巧思下，旗子兩面的狀態不一樣。一面，老虎的眼睛是細瞳孔，代表白天；另一面則是圓瞳孔，代表夜晚。不論日夜，老虎姿勢都是健步奔走、抬頭仰望，充滿活力。

黃虎旗升得快，但降得也快。日軍在五月底登陸台灣，沒多久，台北城失守了，總統唐景崧也事先逃走。

消息傳到台南府城，士紳們把駐守在打狗的劉永福找進城內，讓他接管民主國。相關部門與人事也重新組織，善化的陳子鏞擔任籌防局長、赤崁樓邊的許南英擔任團練局長。另外，在台南孔廟也重新設置議會，由城內士紳擔任議員，並且推舉出身北勢街——也就是現在神農老街——的舉人許獻琛，擔任議長。

劉永福帶著他的黑旗軍進入府城，城門也升起黑旗。因爲他始終不敢繼任民主國總統之位，所以不確定府城是否像台北一樣，也升起了黃虎旗。但不管如何，那隻民主國老虎，確實是有來到府城的。

當時，劉永福發行「台南官銀票」這類支票或紙鈔，以及「台灣民主國股份票」這種可以認股的公債，藉以籌措戰備經費。另外，劉永福也採納安平稅務司署職員麥嘉林的建議，由吳質卿籌辦，印製了台灣民主國郵票。跟台北黃虎旗一樣，郵票也是用一隻老虎作爲主要圖案。

國旗上的老虎，是邁開步伐走著路的;但這郵票上的老虎，卻是盤坐在地上，側著身，轉過虎頭對你望，姿勢好像是廟裡的虎爺。若說走路虎是台北專屬的圖案，那麼這隻像虎爺的坐虎，可說是專屬府城的吧。

至少在當年八月，這郵票就開始拿來寄信了。然而，時間倉促、物力維艱，郵票的印製品質不是很好，不但色澤濃淡不一，甚至連虎圖也不是很淸楚。

當時不少外國人都盯著郵票看，猜測上面的動物到底是什麼，有人猜龍，有人猜松鼠，有人猜蝴蝶，也有人看出好像是某種貓科動物，像是一八九六年，一本澳洲的集郵刊物，就覺得好像是 a kitten in a fit ——一隻小病貓。

告終

大黃虎變小病貓，似乎預告了台灣民主國的結局。隨著日軍一路南下，情勢已是越難以挽回。

台灣民主國發行的郵票，以一隻坐虎為主要圖案。

十月下旬，六神無主的劉永福，回到當初與大家歃血爲盟的白龍庵，向廟中的五靈公求籤，卜問下一步該怎麼走；只是不管怎麼求，籤一直跑不出來。

最後終於得了一個籤，籤意卻是萬事休矣之類的字句。鬱鬱寡歡的劉永福，終於在十月十九日深夜裡，與義子劉成良以及幾個心腹，一起低調跑到安平，搭上英國開往福建的輪船，逃離台灣。

十月二十日上午，衙門空無一人，府城人傻眼之餘，匆促商議做出了開城門讓日軍進城的決定。

白龍庵供奉的如意增壽堂什家將像，劉永福曾在白龍庵追索他下一步到底該踏向何方。

這當中，住在岳帝廟街（現在民權路）的楊鵬摶、下橫街（現在永福路）的蔡夢熊、二老口街的許廷光——也就是許朝華的兒子，以及其他一部份城內士紳，自告奮勇組隊出城，要去向日軍通報，請他們和平進城。爲了和談順利，他們還拉了城內長老教會的巴克禮、宋忠堅兩人一起同行。他們都是英國人，大家認爲有英國人在場，可以讓日軍不至於輕舉妄動。

這一隊人就從小南門出城，邊唱著聖歌、邊走向南邊的二層行，最後順利到達日軍帳下，見到第二師團長乃木希典。隔天——十月二十一日早上八點四十分，少將山口素臣首先率軍，從城門已開的小南門進城。接著，近衛師團、第二師團與其他司令長官們，也從其他地方相繼進入城內，順利控制府城。

從此刻開始，日本政府完成了「全島平定」的任務，「虎之國」就此告終。

虎眼的光景

這座小南門，日治時期就已拆除，現在位置是台南大學附小旁邊的大同路與樹林街交會口。不遠處有家排骨便當，店名是「小南」；再過去一點，也有一座小南城隍廟。雖然城門消失，但小南之名，還留存在原地。

二〇一五年的十月二十一日，我曾來到這個路口一遊。那年是台灣民主國成立與亡國的第一百二十年，雖是決定府城命運的一日，但兩個甲子後的這一天，微雨不斷、路上冷清，倒也平凡無奇，感受不太到當時府城人做出抉擇的糾結心情。不過，在二〇一六年，這裡進行了一場扮演活動，大家舉著英國國旗、提著燈籠，往南步行，最後在二層行庄的清王宮集合，象徵了歷史場景的恢復與溯源。

而府城的老虎，不管橫行的還是盤坐的，總是來來去去、不留痕跡，如雲煙過影。唯獨虎爺公這群城內老市民，窩在廟內，仍是氣定神閒。

夏目漱石曾經在他的小說《我是貓》裡，試著用貓的視線，來看人類世界。若可以這樣看，那麼不知百年以來，城裡的虎爺，又是如何一邊享用信徒供奉雞蛋與牛奶糖，一邊看顧著這座城市的來與去呢？

麵

講到府城的麵，甚至講到府城小吃、台灣小吃，幾乎都會提到擔仔麵。顧名思義，這麵原本是誕生在一個連店面都沒有的挑擔上。現在有些擔仔麵店裡，還會把整套挑擔擺出來，老闆就坐在矮凳上，爲客人張羅燙煮麵點。如今煮麵大可不必這般侷促克難，但這就是一個向歷史致敬的方式。

挑擔是以前人們重要的運貨道具。許多食材與貨品，伴著擔主的發聲器或叫賣聲，遊走在城內街巷及廟口，客潮則跟著他們走。像賣豬肉的，就會吹起號角，十九世紀晚期福建巡撫王凱泰的幕僚何澂如此詠述，「烏烏吹角知何事，幾擔肩挑是賣豨」。

在各類挑擔美食中，豆花是歷久不衰的代表。日治以後，挑擔逐漸改成推車，豆花推車踽行於城內各處街巷，每到一個定點就搖鈴，大家一聽到叮噹叮噹，便出門來吃豆花。我小時候還常聽得到那個搖鈴叮噹聲，搖出來的，是那個清爽溫煦的午後時光。

即便要煮熱食，挑擔也不成問題，看是要蒸狀元糕或是煮麵，燒炭燃爐就帶上擔。在擔上煮麵很常見，後來卻有一攤脫穎而出，成爲府城擔仔麵的翹楚。

挑擔煮著跨越時代的麵

相傳從一八九五年開始，大概在晚上七點到十點左右，有位名叫洪芋頭的人，會挑擔來到水仙宮廟口前煮麵賣夜點。他的麵擔點了個燈籠，上頭寫「度小月」三字。

小月（sió-gueh）意指生意、祭典或其他活動較清淡的時段。洪

挑著麵擔，點上一盞度小月的燈籠，洪芋頭就這麼煮起麵來。即使是現在的店面，仍以這樣的陳設，向歷史致敬。

芋頭是位船夫，平常在府城、安平間擺渡，載貨運客。對他而言，小月就是夏天海象不佳、難以渡船的淡季，因此擺攤煮麵，多少賺點錢貼補收入，度過這個時節。

事實上，在台江浮覆的地理巨變下，水仙宮前早已看不見海。二十世紀初期的府城海濱，幾乎化作水塭沼澤，從府城到安平也不必再撐船，用腳就可以走得到。至於十九世紀晚期三郊疏通的運河，也是不斷淤塞，行船效果越來越差。由此來看，洪芋頭眼中的小月時節，不只受到氣候海象的影響而已，可能還有當時整座府城共同面對的環境變遷困境。

洪芋頭以賣麵來度小月，麵香與名氣卻是越傳越響。不只庶民小眾，就連文人士紳也會來麵擔一起蹲坐，於舊都星空下，品嚐香氣撲鼻的夜點。

一九三七年，也來吃過麵的北部文人黃純青，就曾作過一首詩來吟詠：「大月行船小月休，一肩美味販街頭；台南擔麵垂涎久，兩碗初嘗素願酬。」這首詩作於日治中期，代表當時外地人也慕名已久，垂涎而來。

之後，洪芋頭不再撐船，改以擔仔麵爲主業；甚至也不再挑擔，而是在西門町知名酒樓招仙閣旁開了一間店面。醫師吳新榮曾多次到市區的西門町吃擔仔麵，應該就是到那裡去，所以在吃麵吃得「肚子飽飽的」之後，他可以就近到隔壁的招仙閣找朋友，或者往另一邊走，到不遠處的宮古座（今天的延平商業大樓）看戲。

那個店面的位置，在今天民權路與西門路交會口旁。戰後，店址有些變動，但仍不離那個路口，繼續傳承歷史空間的軌跡，一直到二〇一六年正式閉店歇業為止。至於中正路上，還有洪芋頭的另一支後人依舊維持經營。

極致性與家鄉味

擔仔麵最大的特點，就是要在輕便簡易的挑擔上，迅速煮出一碗味道精緻的麵。這樣的特色，一方面是表現在麵的份量上。

聽很多人說過，擔仔麵實在太小碗了。

無可反駁，確實是如此。且不只是現在的食客才這麼覺得，看看黃純青的詩，連「初嘗」都要點個兩碗了。至於吳新榮倒是沒說過一次點幾碗，不過要達到他「吃得飽飽」程度，應該也不只一碗吧。

晚清城內著名的買辦商人陳福謙，長子名叫陳日翔。傳說陳日翔的食量跟體型成正比，都很廣大，李鴻章叫他「大胖」，他一次能吃掉一百二十碗擔仔麵。這麼多碗實在誇張，卽使眞有無底洞的胃，光吃也會吃到睡著吧。這鄉野傳聞，也許奠基在人們對陳家顯赫家業與政商關係的想像上。小小碗擔仔麵，由此成爲故事素材。

擔仔麵份量小，是其來有自。因爲挑擔可承載的器具與食材有限，加上擔仔麵的定位本來就不是正餐，而是「點心」（tiám-sim），也就是在正餐外吃小吃巧、品嘗解饞的，所以擔仔麵才不會大，也不會多。

另一方面，挑擔的特色，也表現在料理手法與風味上。

沒有大鍋大火與繁雜工序，擔仔麵是要在簡易器材上，將已熟的油麵快煮速搣（chhek），也就是於沸水裡俐落地上下汆燙。從這點來看，擔仔麵其實也是一種「搣仔麵」（chhek-á-mī），不過一般搣仔麵的湯頭多是大骨熬製，擔仔麵則用蝦頭與蝦殼，有獨特鮮甜味，也因此要再加些蒜蓉、烏醋壓味。

蝦湯的傳統來自福建沿海，蝦仁剝取販賣，蝦殼與蝦頭就熬湯或作其他用途。

這種料理法，煮出討海人依海生業、捕物盡利的味道，也常隨著福建華人的海外足跡流傳至他方。馬來西亞有一種「蝦麵」（hae mee），又稱「福建蝦麵」

（Hokkien mee udang，福建話與馬來話的結合），是當地華人的代表料理，也是以蝦殼熬湯，再加入南洋當地辛香料而成。

擔仔麵全台皆有，但在府城就是以肉燥定輸贏，所以這裡的擔仔麵，也是深藏不露的美味。

爲了將一碗麵的味道發揮到極致，配料部分，也講求便利速成，火燒蝦、豆芽菜、貢丸、滷蛋等，都需要事先料理準好，在現場就可直接摻入。只有肉燥得帶著燃爐，以文火持續慢燉。

肉燥（bah-sò）是擔仔麵及許多府城小吃的靈魂所在。不斷熬煮

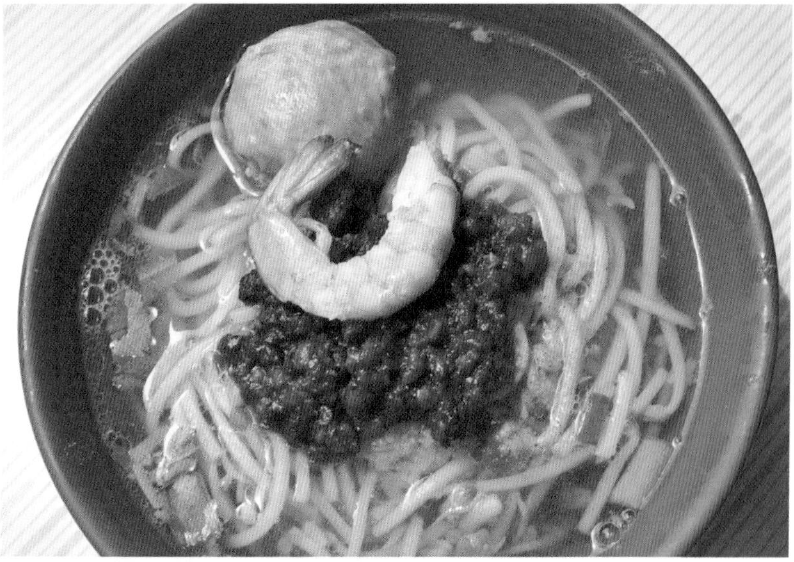

肉燥、火燒蝦、油麵等，是擔仔麵的靈魂所在。

養鍋，加上獨特配方調製，使府城的肉燥擁有獨特濃醞，香氣迷人。加到碗裡，就像是灌入魂魄、開光點睛，一碗煮麵因此而活了起來。

在不同地方的歷史、風土、食材、料理手法互相交織下，一種蝦湯麵，各有變化與獨特在地味。府城擔仔麵就靠著湯頭肉燥、衆味配料，以及摵麵手藝的巧烹妙調，在簡便的挑擔上，成就一碗飄香百年、此地獨有的點心。

近年來，擔仔麵刻意經營品牌與精緻化，成爲國際知名美食的同時，價格也偏高，感覺已不太像以往廟口城下的庶民點心了。儘管如此，很多府城人還是吃過擔仔麵，而且一嚐就會知道，嗯，那個肉燥、蒜香、滷丸滷蛋、油麵口感，就是府城家鄉熟悉的味道。

當鱔魚與意麵相遇時

府城的炒鱔魚，又是另一道絕美之品。

鱔魚去骨切段，蔥蒜爆香，接著搬鍋弄鏟一番，熱火快炒、勾芡成羹，將其淋在炸意麵上，熱烘烘的煙絲帶著鼎鑊氣不斷纏綣，最後化作一道香甜帶酸、嫩脆爽口的鱔魚意麵。

有聽過一種說法，府城人吃鱔魚，源自日治時期。因爲日本人喜歡吃鰻魚，但台灣沒有，只好拿味道、口感都很接近的鱔魚代替。吃鱔魚的習慣便如此興起了。眞是如此嗎?事實上，一九二一年片岡巖的《台灣風俗誌》記載，當時日本人覺得鱔魚看起來很奇怪，所以其實是不吃的。

對於在台灣生活的人來說，鱔魚並不是陌生的食材。牠們出沒於水田圳溝，人們視爲滋養補品，不但抓來跟野菜一起煮來吃，也有傳說把鱔魚血混在剩飯裡餵食家畜，可以讓家畜迅速長大。炒鱔魚或許是較晚才出現的料理法，但台灣人吃鱔魚，應該早有一段時間，而不是因爲日本人帶動才懂得這道珍饈。

至少在日治中期，府城小吃攤販就看得見鱔魚麵。醫師吳新榮常到田町的「世界館」看電影，散場後，就往附近大菜市或盛場（沙卡里巴），點個「鱔魚米粉」，作爲醫治他肚餓嘴饞的不二藥方。今日的沙卡里巴，還有間廖家的老牌炒鱔魚，店史可溯及日治中期，不知是否爲吳新榮當時經常光顧的那間呢。城內一些炒鱔魚也源自此間，並各自發展出細膩的風味。

府城米粉有多種料理法，鱔魚米粉曾是醫師吳新榮的愛品。（上）而炒鱔魚如今更常見的搭檔，則是炸意麵了。（下）

綿密的米粉，搭配酸甜脆彈的炒鱔魚，確實足以作一對感動人們味蕾的佳偶良伴。但現在常見的炒鱔魚，大多搭配炸意麵，也就是鍋燒意麵那種碗狀的雞蛋麵。意麵是以麵粉混合雞蛋或鴨蛋的蛋白製成，麵體更滑順，廣見於中國華南沿海。在府城，坐進麵攤，來碗意麵拌豬油，稍微寬扁的麵上覆蓋了肉片與青菜，再切盤滷味，一起趁熱送進口。那會是典型府城式的美好食光。

將意麵放在大勺裡油炸，會得到一塊長得像泡麵的炸意麵。爲何要如此炸麵，一說是爲了炸乾水分，方便長期保存。但炸過的意麵有種蓬鬆口感，容易與湯汁共造風味，炸麵說不定也是爲了帶出那獨到口味吧。

鍋燒意麵裡的青春

府城吃鱔魚源自日本人，可能是個都市傳說。但是鍋燒意麵，確實有著濃濃日本味。

「鍋燒」源自日語「鍋焼き」，是火鍋的意思。日本傳統飲食裡有鍋燒烏龍麵，日治時期進入台灣後，在一些日本人開的料理店裡就吃得到。

一般的日式鍋燒烏龍麵，大致是用香菇、魚板、油豆腐、蛋、炸蝦天婦羅等食材當配料，以單人用小土鍋，煮成一鍋烏龍麵。這跟現在所謂的「鍋燒大麵」有七八分像。

一九六〇年代，在德慶溪大溝旁的民族路夜市裡，就有一攤在賣鍋燒大麵。一九八三年民族路夜市解散後，它跟八寶冰等攤子，仍然繼續蝸居在護校旁邊的鐵皮矮棚下。以前我在對面補習，曾經溜進去吃晚餐，因而記憶裡那鍋燒意麵的香氣，其實還摻了一點啃書的澀味。幾年後，矮棚被地主收回，八寶冰便搬到石精臼，鍋燒意麵也遷到赤崁樓邊。

至於爲何會有鍋燒意麵的誕生？根據老闆所述，某一天，她要煮麵自己吃，但不想再吃鍋燒大麵，於是跟隔壁的炒鱔魚攤借了炸意麵，煮出「鍋燒意麵」。她吃了感覺還不賴，於是試著推上菜單，沒想到顧客迴響熱烈，名氣甚至超越原本的鍋燒大麵。無心插柳的員工餐，就此變成招牌菜。

一九七〇至八〇年代，鍋燒意麵漸爲人知，不少小吃攤也把它端上桌來。諸家手法、配料或風味，精巧各異，像是在大麵與意麵兩種基本款以外，米粉、冬粉、雞絲麵、關廟麵等不同麵種的搭配也陸續出現。而在配料上，有的是放日式天婦羅炸物，有的則是放上帶著尾殼的火燒蝦，或者尺寸較大的全隻白蝦，甚至蛤蜊、油條、魚丸、貢丸、黑輪、蝦餃、肉片、蟹肉棒也一同參加，熱鬧到眞的像個火鍋。這種鍋燒大麵或意麵，早就跟日本的鍋燒烏龍麵有所差別，而獨具濃濃府城在地味。

除了小吃攤，早期一點的冰菓室，或者晚期一點的泡沫紅茶店、茶藝館、複合式餐飲店裡，也常見鍋燒意麵的身影。冷熱兼賣的飲品小部，似乎頗投學生所好，成爲他們青春時代的一部份。成大附近的小茂屋，或者台南女中附近的小豆豆、迦南水果店，至今都還留著這種餐點內容。

至於當初跟炒鱔魚借來的炸意麵，倒是隨著鍋燒意麵的盛名而走紅全台了。之後許多人都叫它「鍋燒意麵那種麵」，或甚至就直接稱它「鍋燒意麵」，完全變成爲鍋燒麵的主要代言人。這應該是日式鍋燒烏龍與府城鱔魚意麵所意想不到的吧。

在這座城裡吃碗麵

麵感覺是很普遍常見的東西。但對府城人來說，只要講到吃，就不會是件簡單事，更何況吃麵呢。

十九世紀的《安平縣雜記》記載，專門生產大麵與麵線的「做麵司阜」，已經是城內主要職人之一。麵不只拿來吃，也是一些儀式場合裡重要的陳設物、供品或特定食物，像是魯麵，以前只有辦婚禮才吃得到，稱作嫁娶魯麵（kè-chhōa ló-mī），但現在要吃就有，不必等待期間限定。

一碗麵，可以海陸交會、遊走東亞、跨越時空。這麼多故事就摻在麵食裡，以及人們吃麵的稀哩呼嚕聲中。來到這座古都，有什麼理由不來吃碗麵呢。

在這座城裡吃碗麵，平凡日常，味道卻更加深刻。

圓環

在台南市區裡，怎麼有這麼多圓環？而且還容易迷失，走出不來哩。

這似乎是不少人對於府城的第二印象——緊接在第一印象「食物太甜」的後面。

原來，光是舊市區裡，就有六座圓環；如果再加上比較遠一點的後甲圓環，那就有七座了。對外地訪客來說，這些圓環的位置、形狀、走法，每個都不太一樣，一旦車子開進去，就彷若落入迷魂陣，進退維谷。

但對府城人來說，即便有時也是有些許困擾——像是汽、機車搶道，或者繞圈、等紅燈太耗時之類的，但大致來說，這些圓環倒也沒什麼太大問題吧。

湯德章紀念公園

府城最早的圓環，出現在三界壇街。

三界壇街是府城的舊街道，現在已經沒有這條街名了。它得名於街上的三官大帝廟，十八世紀晚期一位城內大富商、同時也是飽讀詩書的文人林朝英，他的宅院也座落於此。

一九〇六年，這一帶被官方徵收，開闢爲防火疏散用地。在整地的時候，曾經從地底挖出黃金，大家繪聲繪影地推測那是否爲林朝英家的寶藏；但不管緣由爲何，後來黃金被用作不遠處台南公會堂的建設資金。至於林家大宅則就此消失，連原本位於宅第邊、官府爲表彰林朝英捐錢之舉而豎立的「重道崇文」牌坊，後來也遷移到台南公園裡。林朝英在這裡的蹤跡，已然片瓦不存。

一九〇七年，這個新開闢的廣場，豎立起第四任台灣總督兒玉源太郎的大理石全身立像。因此，一開始它被稱爲「兒玉壽像園」，後來則定名爲「大正公園」。但一般市民都習慣叫它「石像」（chioh-siōng）。

隨著新道路的闢建，石像周邊彙集了花園町、錦町、末廣町、幸町、開山町、清水町、大正町等七條道路於一身，每條都是市區的主要幹道。

主管今天雲嘉南地區的台南州廳，就在圓環邊。這是由台灣總督府技師森山松之助所設計的官署建築，格局採用了平衡、對稱的歐洲文藝復興式樣，盤踞在幸町與末廣町道路（也就是今天南門路、中正路）交會處的三角地帶，氣勢恢宏，是圓環邊最顯眼的建築物。而氣象站、議會、消防隊、歷史館、博物館、銀行、警察署等重要公署或機關，也都座落在圓環附近。在空間與建築的共同襯托之下，大正公園儼然成爲了新台南的城市中樞空間。

戰後，這七條道路依序改名爲公園路、民生路、中正路、文廟路（後來改南門路）、開山路、青年路、中山路，石像也改爲編號「綠一」的民生綠園。

一九四七年，二二八事件期間，律師湯德章遭國軍逮捕，雙手反綁、背上插著一根木牌，押到民生綠園，公開槍決示衆。直到一九九六年，先是有府城雕塑家邱火松塑造湯德章的半胸銅像，由台南文史協會安置在圓環內；接著在一九九八年，民生綠園改名「湯德章紀念公園」。這段歷史回到現場，以府城的暖陽照護著它，不再繼續黑暗冷冽。

西門圓環

來到民族路與西門路交叉口，有個西門圓環。老一輩的府城人，習慣叫它「小公園仔」（sió-kong-hng-á）。

小公園，意指相較於台南公園那種大公園來說，比較小一點的綠園，所以城裡的圓環，都算是小公園。但因爲這個圓環位於西門町——就是現在的西門路，日治時期稱爲「西門町小公園」，久而久之，講「小公園」就想到這裡了，因此成爲它的專屬名號。

小公園一帶，原本是府城西門城牆邊。即使拆了城牆，繁華的城西港濱市街，仍滿是商鋪酒樓。像是在城內的開山宮邊，原有一座小酒樓；一九一五年，一位福州人蕭宗琳接手經營，重新擴大開業後，

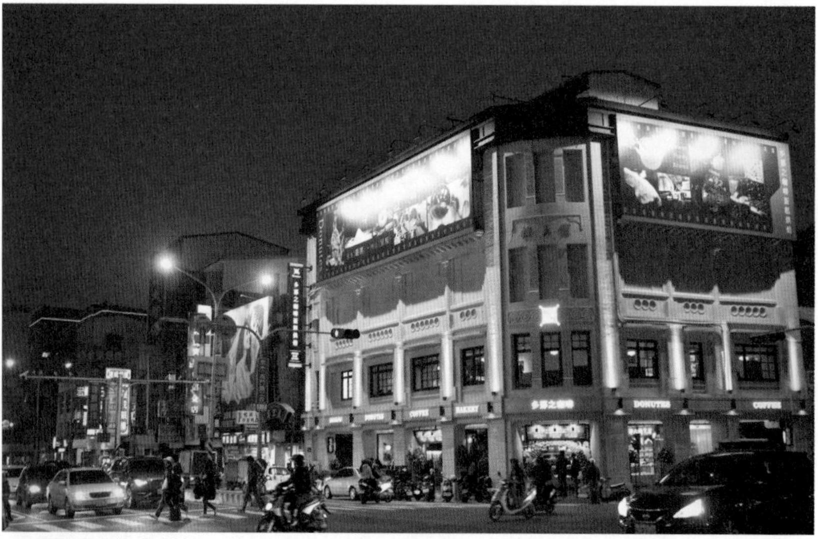

西門圓環邊的寶美樓，曾經被婚紗店看板包起來；十餘年後又再重新與人們見面。

在圓環邊興建了雄偉的寶美樓，屹立至今。戰後，寶美樓數次易手，記得小時候隨媽媽繞過小公園，這裡還掛著海珍珍海產餐廳的大招牌，讓我印象深刻。之後很長一段時間，都被承租的婚紗店用看板整個包起來，看不太出原本的樣貌：二〇二〇年再換咖啡蛋糕烘焙店接手進駐，裝潢全部卸下，寶美樓再度重現人們眼前。

後來西門圓環有些改變。為了讓汽車與機車分道行駛，一九九五年，市政府將圓環改為平面交叉路口，十字馬路直接劃過了圓環，汽車可直接通過，機車則繼續走圓弧的外環道。

圓環空間幾乎消失，曾經有很多大姐們站在圓環邊，向往來路人招手攬客的畫面，如今好像也不再出現。西門圓環只留著「胃腸良藥猴標六神丹」那塊大燈板，留著一點令人感懷的老式霓虹光影，在夜裡反覆閃爍著。

小西門圓環

從小公園沿著西門路往南走，會來到小西門圓環。

這個圓環的形狀，看來是有些怪異，不是圓形，倒有點歪七扭八。不管汽車或機車，到了這裡，都不必繞圓圈或分道行駛，可以沿著馬路直接通過。它跟小公園一樣，都是「半廢止」的圓環。

這是日治晚期爲了保存府城小西門城樓而規劃的圓環。但這項規劃只進行了一半，戰後並沒有接續實行，甚至在一九六九年道路開闢時，小西門因爲擋路，也被遷走了。因此，它依然留著半圓形的奇特形狀。

小西門圓環至今仍編列爲代號「綠二」的公共設施保留用地，周邊一帶街廓因此長期限建。直到二十一世紀，當地居民還在與市政府協調變更用地，期盼能夠解除限建。

府城以前有個南鯤鯓王爺巡府城的熱鬧活動。每年，北門嶼的王爺神轎會從小西門進城，駐蹕在下大道良皇宮，城內的市民會魚貫前來參拜、看熱鬧，直到日治時期才漸漸式微。二〇一四年，這項古老的活動重新被舉行，良皇宮廟方還在圓環邊架設一座小西門牌樓，象徵鯤鯓王重新通過小西門。

小西門雖然離開了圓環，但城門的形影，仍留在良皇宮保生大帝的香火、碗粿裡、青草茶，還有在地居民的生活與記憶裡。

東門圓環與東門城圓環

彙集了壽町、高砂町、綠町、東門町等五條道路的東門圓環，規模僅次於大正公園。戰後，這些道路分別改名爲博愛路（後來改爲北門路）、武穆街（後來改民權路）、府前路、復興路（後來改大同路）、東門路。

這裡有市區唯一僅見的立體圓環車道。前半段是正常道路；到了東門路，汽車就要往上走高架道、機車要往旁邊鑽進地下道，上、下雙層道路的設計，是爲了要跨越鐵路，同時也是當時整頓圓環的成果展現。

戰後初期的東門圓環，本來聚集許多點心攤。一九六八年，市長林錫山拆遷圓環內攤商，老闆們拖著攤車走出圓環，但美味並沒有因此消失，現在的圓環頂菜粽、小南碗粿，可都是以前圓環裡的一員。一九七二年，在跨國性的服務社團青商會的資助下，東門圓環重新整建，因此在圓環正中央，還豎立了一座「青年雙手」的雕塑。

從東門圓環進入這座立體車道內，在隧道的震耳回聲中，會感覺自己有如深海魚一般在神秘空間中穿梭著。自東門路鑽出車道，隨卽又見天光，豁然開朗，而正前方會遇到第二個圓環——東門城圓環。

跟小西門一樣，這也是爲了保存古城門而規劃的圓環。正立在綠園裡面的是府城的大東門，是往昔城內通往歸仁、關廟地區的要道門戶。

城門這一帶地方，有「春牛埔」的古名。以往立春之日，府城的官員會在這裡舉行鞭春牛的儀式，象徵迎接春天、開始耕作，所以大東門也有「迎春門」的別名。

今日，城門前還留有兩座牽著牛的牧童塑像，以及二十四節氣的泥塑浮雕立牆，都是出自府城雕塑名家邱火松之手。它們分列兩旁，靜靜表演著一段府城的牛故事。

不停轉圈圈

府城本來沒有圓環。日本統治時，當局實行都市重劃，在舊城的街道上，闢建了筆直的新道路，並且利用圓環來處理這些蜿蜒舊道的交會處。

統治者從歐洲學習了他們的制度與經驗，落實在台灣的市區規劃，營造出「文明開化」的城市景象。這使得歐洲城市的圓環，從此也能在府城看到了；不過，因爲舊城道路原本就很蜿蜒複雜，所以圓環的數量也稍微多了點。這就是府城圓環這麼

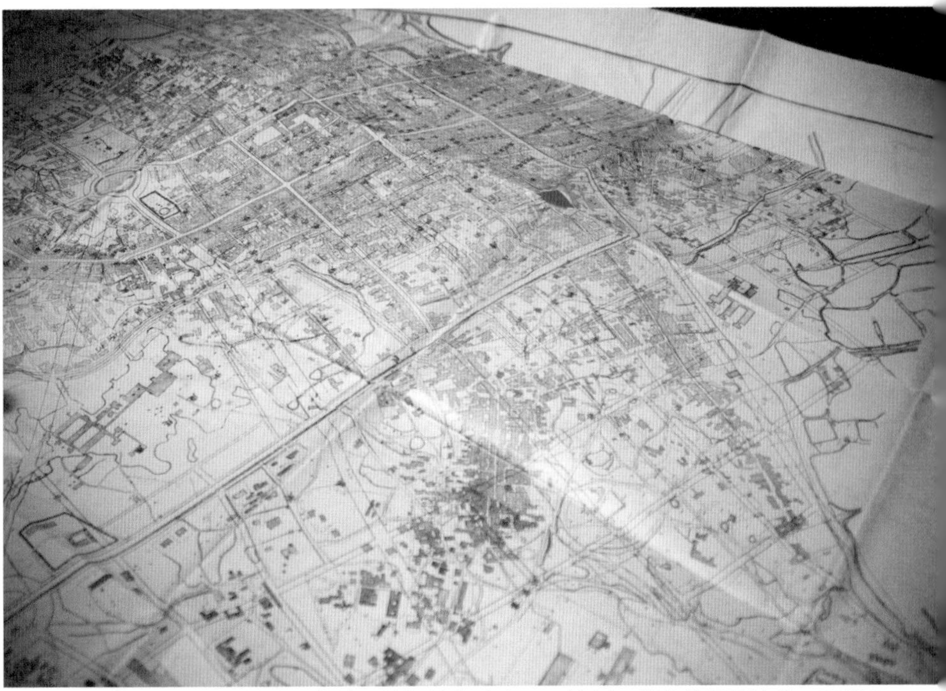

翻開日治時期老地圖，舊城區蜿蜒的街路上，已被劃下筆直的規劃線條。現代台南市區的身影，由此浮現。

多的原因。

隨著城市人口增加，交通工具的種類與數量也更多了起來。二十世紀初建造的圓環，早就逐漸無法承受現代市區的交通流量。有些圓環因此被廢除了，馬路直接開過小公園，留下四角綠地孤立在車水馬龍的道路間。有些圓環則維持原樣，但也因為車流量大增，車潮堵塞，彼此相互搶道。這就是府城圓環每個走法都不一樣，而且有點難走的原因。

不過，直到現在的每一天，府城的人與車，還是用平常的步調，繼續繞著圓環轉圈圈，彷彿是這座城市的脈動。

繞著圓環轉圈圈，彷彿是這座城市的脈動。照片中的是湯德章紀念公園。

夜市

「大大武花大武花」。

還記得我第一次聽到這古怪字串時，頭頂冒出連串問號。搞懂它的意思之後，不免噗哧一笑。原來這是一串台南夜市輪值表的口訣。

口訣有七個字，分別代表星期一到星期日有開的夜市。「大」是大東夜市，「武」是武聖夜市，「花」則是花園夜市。因爲花園夜市星期六也開，所以同時也流傳「大大武花大花花」的版本。

也許因爲迅速好記的關係，這口訣受到大家不斷地傳誦，但我當時是第一次聽見。只覺得這應該不是府城人發明，而是遊客自創的吧。因爲對在地人而言，夜市什麼時候開都很清楚，哪需要再記口訣呢。

府城人對夜市再也熟悉不過了，因爲逛夜市逛了三百多年嘛。

井亭夜市

至少在十八世紀，入夜後的府城海濱市街，依然燈火通明。一七四七年，名爲「井亭夜市」的地方，就被當作一處城市名勝風景，記載在古老的史書《重修台灣府志》裡。

當時府城最有名的井、同時也是最熱鬧的市街所在地，就是「大井頭」附近一帶了。這井是何時開鑿，無人知曉，只知道歷史相當悠久，可能早在荷蘭人來台以前就已經存在。府城人引用十五世紀明朝鄭和下西洋的故事，說鄭和船隊當時曾經來這裡取水，以表達他們記憶中大井頭眞的很悠久的感覺。

大井頭，曾經的港邊不夜城。

鄭和到底有沒有來過，已經無從稽考；但這篇傳說故事，隱約凸顯了大井頭的空間特性。它就位居在府城最熱鬧的大街上，西邊就是渡頭。陸地上的人、海水上的船，都來這裡裝卸貨物、互通生意，官府也在此設館稽察來往船隻。

因爲商貿繁盛，這裡晚上仍華燈點點。一七三〇年代，府城一位官員尹士俍這樣描述：從大井頭一路連到城內總爺街、嶽帝廟的各家商店，門口都掛著寫有店號的燈籠，入夜後，店家就陸續點燈，這景象是「黃昏燃燭，光同白晝」。

直到十九世紀左右，許多人仍目睹過這片「不夜城」的風貌。一七九六年，一位朝鮮人李邦翼來到府城，記下他看到城內「繁華壯麗，樓台夾路，夜張琉璃燈，通明如晝」的景象。約略同時期的府城文人章甫，也爲大井頭的燈火寫了一首詩：

井亭夜景鬧如何，交易然燈幾度過；
不是日中違古制，海關口市晚來多。

這詩也許可以帶領現在的我們，回到以前夜裡大井頭那片市廛熱絡的畫面。只是詩人身處的時代，海岸其實已淤積陸化，不在大井頭旁邊了，而是往西推移到接官亭外面，渡口也跟著遷離。雖然如此，大井頭以及它所位處的大街，仍是府城最主要的商業大道，直至日治時期依舊如此，因而得到「本町」之名。

不過，到了一九三〇年左右，本町就逐漸沒落了。當時是因爲景氣衰退，消費低迷，又再加上不遠處有座更熱鬧便宜的夜市，人潮被吸引過去，讓本町更加消沉。那個夜市就是西門町的小公園仔。

小公園的夜空下

從大街往西走，通過大西門，就會來到繁盛的城西五條港地區。日本統治期間，這裡拆了舊城牆、開了新馬路。在西門城牆與舊王宮港、媽祖港的交會處，新開了一個圓環，府城人管它叫「小公園仔」。

當時，各種攤販與小賣店都到小公園仔擺攤，夜裡依舊熱鬧不絕、人潮衆多。然而，爲了整頓街區，台南市役所與攤商們進行討論及配位抽籤之後，在一九三二年底，終於將店家全部遷到大菜市——也就是西市場附近一帶。

遷址後的店家，剛開始生意不太好。隔年的夏天，因爲天氣熱，晚上出來散步的人多了，店家生意也連帶回溫。加上大菜市的中庭新開闢一座「淺草商場」，附近也有兩座大戲院：宮古座與世界館，這使得夜市生意更加熱絡，甚至有點無法負荷人潮。

人潮越來越多，讓台南警察署在一九三六年，於宮古座旁邊增設了一個派出所，防止事端增加。但是人一多，交通、衛生問題也跟著來，當局再度決定，在更西邊的田町——也就是靠近台南運河碼頭的世界館戲院後面，再蓋一片新的商場，並且將這裡的攤商遷過去安置。

世界大餐廳

這片佔地近兩千多坪的新商場，名為「盛場」（さかりば），就在一九三六年底開幕了。戰後，它曾一度改名為「康樂市場」，但是府城人還是習慣叫原名，並用中文字寫出「沙卡里巴」這般極具異國風味的名號。

沙卡里巴有多好吃？也許可以問問來自將軍庄的醫生吳新榮。

吳新榮經常往來台南市內，不論是自己用餐，或者與朋友同行，都曾多次造訪這座「運河邊的夜市」。

西市場內的店家（上）與沙卡里巴一帶的街景（下）。

例如，一九三八年的夏天，他帶著大兒子吳南星到這裡吃烤雞肉。一九四〇年，他約友人陳穿去世界館看電影，散場後，也到這裡享用了當歸鴨、軟柔魚（魷魚）、雞絲麵，最後本來還想去吃個善（鱔）魚米粉，結果賣完了，只好吃水果作結。最後兩人吃了十個芒果。

在這裡，他似乎特別喜歡鱔魚米粉、當歸鴨、春餅、魚丸湯、米糕等等。有時，他把沙卡里巴暱稱爲「世界大餐廳」，這名可能取自他常去的世界館——戰後改作世界戲院，但或許他更想表達的是：光這幾份食物，就能夠帶給他一種世界足矣的飽食美味。

溪上的人流光影

而在西門町那兒，直到戰後依舊熱絡，各種雜貨賣物——包含贓物，全都應有盡有，「賊仔市」（chhat-á-chhī）之名遠近皆知。因爲景況熱絡，攤販們也往東邊赤崁樓方向擴展，尤其特別聚集在赤崁樓旁邊的康樂台前——今天赤崁樓大門內的庭園裡。

日後，爲了維持空間整潔，市政府將這些攤販遷離赤崁樓，大家轉移陣地到外面的民族路。日後，隨著攤商數量逐漸增加，從石精臼直到中山路口的民族路，曾經都是夜市擺攤，綿延整排，盛況空前。

過了忠義路之後，民族路旁邊有一條大排水溝，那是府城往昔的古溪流——德慶溪。這處夜市的人流光影，每晚都會映照在當時尚未加蓋的河道流水上。倚臨河邊的繽紛景象，是民族路夜市的獨特標記。

一九八三年，爲了改善交通、整頓衛生，市長蘇南成決定拆遷民族路夜市，這般空前盛況，遂成了絕響。店家們主要搬到小北夜市，其他則四散到友愛市場或中國城地下街等地。

隨著一九八六年東帝士百貨公司的開幕，小北夜市曾經再度締造府城夜市的黃金鼎盛期；而這般景象，隨著二〇〇九年東帝士的歇業又漸漸消寂。

永不止息的燈光

府城夜市總在夜幕來臨時開始，點燃一盞燈光，等待客人光臨。這股光的溫熱，直透三百多年來的夜空。

日治時期開始，政府推行公有市場，希望掌握地方物價與衛生事務；但是，夜市這種攤商流動的傳統集市，不太受到掌握。政府一方面企圖介入管理，一方面也與他們達成某些妥協，使得夜市的燈光，即便中間熄了一陣，還是可以轉戰他地，重新點亮。府城美食的好味道，一部分也在這過程中傳承到現在了。

現在的「大大武花大武花」，有牛排、臭豆腐、可麗餅、章魚燒、木槲滷味、紅茶冰，口味好像跟以前不太一樣。不過，「世界大餐廳」的亮光，還是繼續照耀府城的夜空，沒有止息。

棒球

在人們印象裡，古都似乎總是悠久而傳統，甚至一成不變。其實作爲一座人們長久聚居、獨特發展的城市，世上有什麼新鮮事物，往往都是先從這些地方開始體驗與追逐的。像是在日本京都，講衣著會想到和服，講乘車會想到人力車，但至今風靡的水手服學生制服、疾馳路上的近代電車，可也是率先肇生於那座老城市。

府城是悠久的古都，幾百年來，各方文化在這裡彙集，頻繁交流，形成了府城自己獨特的氣息。可以這麼說吧，府城有傳統沉穩的面向，但面對新的事物或變革，府城人也會掩不住躍躍欲試的心情。

十九世紀中期發源於美國的棒球，在二十世紀初期經由日本傳入台灣。這白球來到府城，在土地上滾來滾去，也在天空飛來飛去。它揚起了塵土，也揚起市民們的興趣與熱情。

蓋棒球場

體育路上的台南棒球場，是台灣史上第一座大型棒球專用球場。

在這之前，台灣的棒球運動，大多在公園附屬的運動場或小球場裡進行。一些學校、官署、糖廠、軍隊，也會在自己園區裡留一塊打球的場地，以提供自己的球隊使用。

這類球場的規模都不算大，只能提供特定球隊使用，也沒辦法讓太多觀眾進場。一九一〇年代的台灣棒球，就先在這樣的環境開始生根萌芽。

台南市立棒球場，現在是統一獅的主場，往昔更是台灣棒球發展史的重要里程碑之一。

在府城，一九一四年三月，台北鐵道部球隊已經開拔到台南，跟南鯤鯓棒球隊，在台南公園的運動場——今天位置大約在公園裡的露天舞台與大草地一帶——進行南北對抗的交流賽。而在一九二一年，美國職棒大聯盟組隊來台灣訪問，當時在台南中學校的運動場——今天的南二中操場，也與台南本地臨時成軍的菁英球隊，打了表演賽。

一九二三年，台北的圓山運動場正式完工，同時也能進行棒球賽，至此台灣才有一座可以舉辦棒球賽事的大型場地。然而，那畢竟是一座綜合運動場，格局與場地品質，還是距離理想的棒球場相當遙遠。

直到一九三一年底，屬於台南綜合運動場——今天的體育公園——其中一部份的台南棒球場，開始整地動工，隔年初正式完工。場內的座位，可以容納兩千八百名觀眾，並有設置電子計分板。到此，一座眞正爲棒球量身訂作的城市球場才終於誕生，成爲台灣與府城棒球的里程碑。

台南棒球場位在府城大南門外。城牆拆除之後，府城的街廓開始往外擴展，學校、軍營、運動場等空間，陸續出現在原本是舊城邊緣的新興地帶，象徵了府城朝向近代城市發展的蛻變。台南棒球場則是這個過程的其中一項成果。

比賽開始

一九三二年二月六日上午十點，台南棒球場舉行啓用典禮。緊接在後的，是為期兩天的開幕賽，有八個球隊受邀參加，共舉辦四場比賽。

第一場比賽，在典禮結束之後的上午十一點開打，主場球隊為台南白隊，迎戰台中隊。最終，台南白隊以十比四的分數擊敗對手，奪下台南棒球場啓用後第一個勝利。

其他場次方面，第二場在下午兩點半開打，由來自台北的總督府交通局鐵道部鐵隊，對上嘉義農林隊，最後比數為十七比七，鐵隊獲勝。第三場在隔天上午十點開打，由屏東隊對上台南紅隊，比數為十一比九，屏東隊獲勝。第四場在下午兩點開打，由總督府交通局遞信部的CB隊對上高雄隊，這場比賽，因為中場高雄隊不服裁判判決，罷賽離場，讓比賽提前結束，由CB隊獲勝，最終比數為九比零。

開幕賽結束之後，台南棒球場並未陷入沉寂，反而緊接著迎接另一場賽事，是在同月十八號開打、全台有十個隊伍參加的城市對抗賽。台南棒球場輝煌的榮光，就此展開。

運河邊的勁旅

一九四五年以後，府城的棒球熱度並沒有隨日本人的離開而消失，反而延續下來。

跟日治時期一樣，戰後初期，一部分公營機關、企業、學校等單位，仍有籌組棒球隊，活躍於各大賽事。民間社會也組隊打球，大部分是過過球癮練身體，但也有戰力驚人，能進大賽跟公營單位球隊們一較高下的，像是府城的大涼汽水棒球隊。

組成這支球隊的，是來自府城南邊鹽埕聚落的林家——也就是一九六〇、七〇年代台南市長林錫山所屬的家族。在一九二六年台南運河開通之後，林家進入城內，來到運河碼頭邊，投入冷藏製冰業的經營；日後再拓展到飲料水、客運等其他領域，在府城打下了事業基礎。

戰後，林家經營碳酸飲料廠，生產以雙福牌爲標記的「大涼汽水」，廠房座落在碼頭南方，今天的位置在金華路與友愛街的交會口。對於包括我的後面一代府城人記憶來說，那邊已是統一戲院了；但在之前，此地生產的大涼汽水，以及同樣也是在運河附近成立的另一款華香汽水，是可口可樂等飲料跟著援台美軍進入台灣之前，風行於南台灣的台產汽水之一。

一九五一年，基於廣告效益以及對棒球的熱愛，大涼汽水以自家員工爲基礎，再向外網羅其他好手，組成了一支棒球隊。

一九五二年的夏天，這支球隊開拔到台中水源地棒球場，參加《民聲日報》社所主辦的第二屆「民聲杯棒球賽」，奪下硬式組的冠軍。由此開始，大涼棒球隊以民間企業球隊之姿征戰各大賽，是支成績優

主掌台北兄弟大飯店，以及推動職棒的洪家，早年以代理日本兄弟牌縫紉機而發跡，起家公司至今屹立於市區。

異的勁旅。

除了組球隊，林家也熱衷推廣棒運。執掌大涼汽水的林全藻，當時還自費開辦棒球賽，舉行了幾次的中南部大涼盃棒球賽。

一九六三年，當時任台灣省議員的林全祿，也曾與謝國城、陳新發、蔡文玉等人，打算以台北、台中、台南、高雄四地球隊，籌組台灣職棒聯盟。可惜在當時得不到太多支持，這個規劃無法實現。幸好，日後有另一位府城人再次挑戰這個任務，並在二十七年後，真的讓台灣的職棒開打了，他就是到台北創業有成的兄弟大飯店洪騰勝。

而被林全祿找來負責籌組台北職棒隊的謝國城，當年是台灣省棒球協會理事長。他也是諸多活躍於戰後台灣棒球運動的府城人之一。

飛往世界的球

謝國城出身大西門外頂南河街的謝家。他的祖父謝四圍，十九世紀從學甲進城經商，開設「英泰」商鋪經營糖業，也轉投資台江內海浮覆地的開發經營，成功致富。

謝四圍生了四個兒子，每個都飽讀詩書，並以參加科舉、晉身士人爲人生目標。這般累積財富與地位的方式，是大部分府城商人家族典型的發展方向。

謝國城的父親，就是謝四圍第三個兒子謝維巖。晚清時，謝維巖就擁有生員的功名；日治時期，也常與連橫、蔡國琳、趙鍾麒等城內文友交流，並且籌組詩社，活躍於府城的傳統文壇。

在名門之下，謝國城跟他的堂哥謝國文——另一個更爲人所知的名字是謝星樓，一起進入了日本內地的早稻田大學政治經濟科就讀。戰後，他進入當時主導台灣省體育會棒球協會的合作金庫工作，因此從在一九四八年起，擔任棒協常務理事；一九五六年後，再擔任總幹事。

一九六九年，謝國城帶領台中金龍隊參加世界少棒賽，爲台灣奪得史上第一座棒球世界冠軍。卽便只是少棒，但是這座世界冠軍，把日治以來台灣的棒球經驗，與當時「中華民國政府在台灣」在國際上越來越艱困的局勢給連結起來。因此，「威廉波特」這個遠在美國賓州的地名，竟在台灣開啓了一段既狂熱卻又情感複雜的三級棒球時代。

在這段威廉波特時期，府城棒球隊也從不缺席。當時南台灣少棒菁英，以王貞治所在的日本職棒讀賣巨人隊爲名，組成了台南巨人少棒隊，參與賽事。

一九七一、七三兩年，巨人隊都奪得世界冠軍，當時的隊員包括出身台南、後來成爲電機工程學者的吳誠文，以及日後仍繼續活動於棒球界的徐生明、葉志仙、李居明、鄭百勝等人。首次奪得冠軍的一九七一年，巨人隊是掛在協進國小名下，因此，協進國小在二〇一一年還設立了巨人少棒紀念館，追溯這段榮光。

球場紅土上，練習之餘，不忘偷個閒。

一九八六年，以公園國小少棒隊爲首的台南公園隊，也取得世界冠軍。當年的主戰投手，是日後進入職棒的吳俊良。

一次偶然路過公園國小棒球隊時，在休息室門扉上，還貼著吳俊良投球的英姿。大概是因爲長久曝曬的關係吧，那張照片的顏色有點褪了；但似乎還在綻著光，是一股府城棒球熱情的光。

棒球之都

即使是二十世紀才傳來的新事物，府城人也很認眞、熱情地傳承下來了。這項近代的經驗，在日後成爲了專屬於府城的獨特不朽傳統。

這不只是在棒球裡嘶吼吶喊的加油聲而已。如果經過孔廟南邊建興國中校園的話，也許可以駐足感受，在大南門城下，有著王建民、郭泓志、胡金龍，以及現在他的學弟們，練球時反覆奔跑踩踏所揚起的紅土塵，以及淸脆的傳接球聲。

此般感覺，在城內許多角落，仍然還存在著，那已經是一種生活的態度。要因此說這座城市是棒球之都，府城人應該是欣然接受的吧。

彈孔

台南大學校園裡，有一幢落成於一九二二年的老校舍。因爲是紅磚砌造，朱紅色的外觀相當顯眼，師生們暱稱爲「紅樓」。

紅樓是日治時期台南師範學校的本館。爲族人爭取權利的阿里山特富野人Uyongu Yata'uyungana（吾雍・雅達烏猶卡納，日名矢多一生，漢名高一生）；拉著小提琴革命的農民運動家，鳳山人簡吉；在土地上汲著文學之鹽的文學家，府城人葉石濤，以及許許多多的校友們，都曾在紅樓的赭紅迴廊裡穿梭往來，留下他們年少時懷抱夢想、汲取知識的足跡。

現在，仍有教育學系與一部份行政辦公室在紅樓裡面上課跟辦公。長久以來，紅樓跟每一位師生，如此編織著彼此的校園歲月。

沿著這道迴廊往東走到盡頭，會走步出紅樓，來到名爲「雅音樓」的音樂系館旁。在這裡轉身回望，映入眼簾的是紅樓東側磚牆；但觸目所及，並不是平整、典雅的表面，而是坑坑洞洞、布滿瘡疤的破壁。

這些殘缺與斑駁的痕跡，是在一九四六年由台南工學院——現在的成功大學——千千岩助太郎、織田久勝兩位教授主持的重修工程下，被刻意保留下來的。牆上每一道破損的痕跡，都是二戰晚期受到猛烈的戰火破壞所致。當時，紅樓其他地方都依原樣重建復原，唯獨這面牆被原貌保留，盼望未來人們經過這裡時，都能親眼見證戰爭的可怖。

這些傷痕，源自於一九四五年春夏之交的一連串空襲戰火。從三月一日開始，平靜的府城，變成一座冒煙的城市。

冒煙的城市

一九四五年三月一日的府城，是什麼光景呢？隔天是晴天，醫師吳新榮似乎沒做什麼其他的工作，只在日記裡寫下他的感受：

昨天的台南市大空襲相當慘重，一直到昨夜，從遠方還可以看到直冒的黑煙。今天消息陸續而到，始知西台南市的人口密集地區，受到全面性的摧毀。對這城市進行的盲目轟炸，帶來甚麼意義呢？我們可想而知：無慈悲的殺生，無意義的犧牲，這就是戰爭之所以成為戰爭之故。我們必須面對的慘劇，已在我們眼前展開了。

看來，當時市區冒起的濃煙，遠從蕭壠（今天的佳里）都還看得見。從吳新榮的文字裡，彷彿體會得到他遠望這股濃煙時所感受到的恐懼與無奈。

一九四一年底，太平洋戰爭揭幕。爲了阻斷日軍後援並且取得制空權，同盟國軍隊鎖定了基地化的台灣。B-24與B-25轟炸機，開始帶著炸彈頻繁「拜訪」台灣。

台南大學紅樓的牆上，留著整片坑坑疤疤的彈孔。

三月一日，並不是美軍第一次攻擊台南。前一年——一九四四年十月，美軍轟炸機隊就從中國四川起飛，襲擊了台南機場。只是，跟郊外的機場不同，三月一日是府城都市地區遭受攻擊的開始。

也許因爲是雲嘉南首府的所在地，加上又是日本海軍航空隊重鎮，台南遭到轟炸的程度相當密集。在新竹、高雄之後，台南是全台灣落彈量排名第三高的地方。這座古都，面臨了有史以來最嚴重的毀損浩劫。

靈魂的失去與重回

現在的湯德章紀念公園——也就是日治時期大正公園一帶，是城市道路彙集處，也是官署機關的集中地。因此這裡成爲美軍攻擊的重點區域。

在猛烈轟炸下，大正公園旁的台南州廳嚴重損毀，不僅屋頂塌陷，建築本體也幾乎只剩牆面孤立。這般殘破狀態在戰後仍維持了幾年。

一九四九年，中國國民黨執政的中華民國政府全面撤退來台。其中，來自上海的空軍供應司令部落腳台南，簡單整修了這座宛如廢墟般的舊州廳，正式進駐使用，舊州廳因此轉變爲軍事單位。直到一九六九年，司令部遷出，將舊州廳移交給台南市政府使用，才再度回到地方政府官署的用途。

這段期間，消失於戰火的舊州廳屋頂，一直沒有重建，只用水泥瓦蓋成簡單的四坡平頂，彷彿是童山濯濯、日暮西山的孤獨老人。沒了大屋頂、外牆也滿是鐵窗與冷氣機口，此般陳舊紊暗的樣貌，是七年級以前的台南人印象相當深刻的「舊市政府」樣子。

一九九七年，市政府遷移到永華路新完工的辦公大樓，舊州廳則交給文建會的文資中心使用，並開始進行歷史調查與修護工程。二〇〇二年，舊州廳建築整修完工，讓消失了五十餘年的屋頂，重新復原於市民眼前。隔年，國立台灣文學館在此正式開館營運，開館日挑選了一九二一年台灣文化協會在台北的成立日——十月十七日，象徵台灣文化的重新展開。

新的屋頂，雖然是想像式的復原，但毀損於往昔戰火的事物，能夠在大家的期盼下重新回歸，也算是一個新的開始吧。因此重新被找尋回來的，不只是州廳建築的空間氣魄，好像還有府城城市靈魂的一部份。

斑斑彈孔

除了擲下爆彈和燒夷彈，軍機也掃射地面的建築與人們。現在市區裡一些老建築的壁面上，常留著一些奇特的圓形凹洞，其實它們很多是當時遭到射擊所遺留下來的彈孔。

府前路一段的巷弄裡，有座古老的奎樓書院。它原本位於現在中正路郵局的位置，是道衙所支持的書院。日治時期，因爲要開闢現在的中正路，輾轉遷移到文昌祠旁——也就是現在的位置。

在轟炸當時，隔壁的文昌祠整個炸毀了，如今只留下幾片孤壁；而奎樓書院雖然沒有全毀，也受損嚴重。戰後，書院重新整修，但在鐫刻著「奎樓書院」四字的花崗石舊匾額上，仍留著兩道圓形彈痕。

無差別的攻擊，即使是學校、醫院、寺廟，也難以倖免於戰火。

現在的南二中與南一中，分別是日治時期台南州立第一、第二中學校。南二中原本有紅樓，但已經拆除，只留下大門玄關，其餘改建爲現在的弘道樓。在這座舊大門的牆腳，也遺留著零星的彈孔。而南一中校園裡，舊有的紅樓磚牆上也留有不少

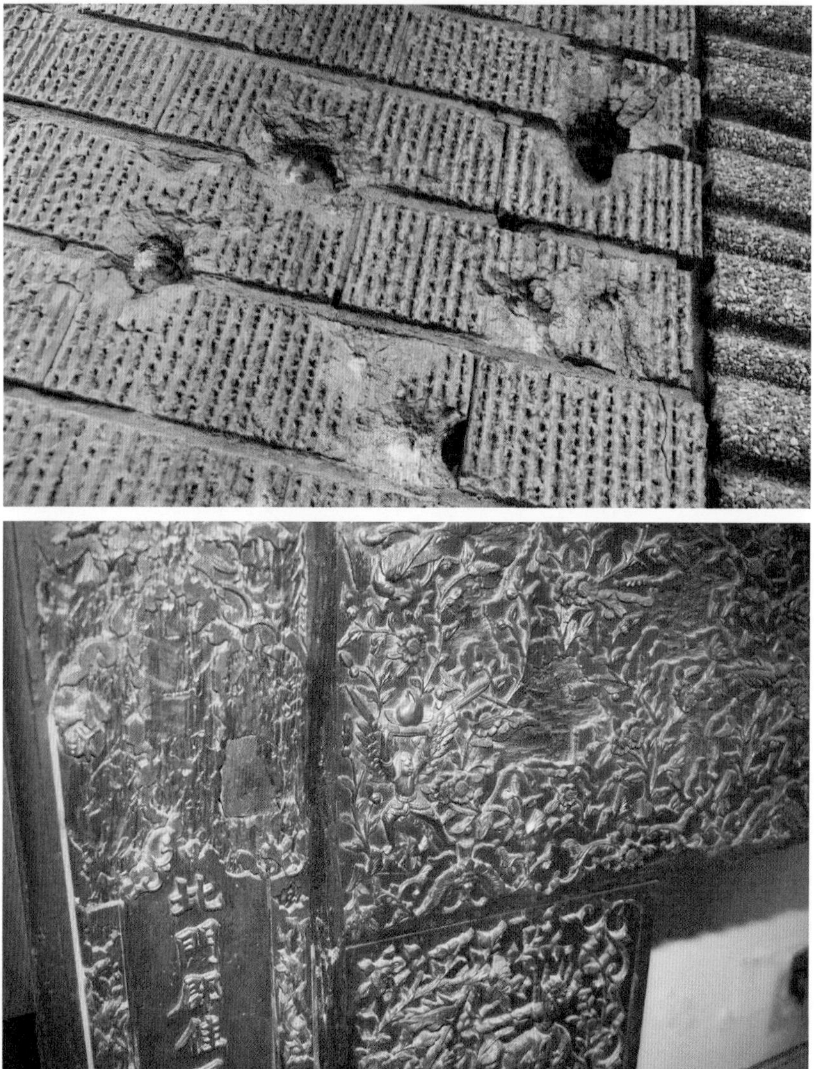

林百貨頂樓壁面圓而深的彈孔（上），仍清晰可見；東嶽殿古樸頂桌留下的彈孔（下），雖然填補起來，卻曾是無助人們生死交關的過程。

彈孔，無論是散落狀，或者成排掃射痕跡，皆歷歷在目。

回到轟炸最密集的大正公園附近吧。除了偶然會在一些老屋見到彈孔，在林百貨建築物的表面原本也有彈痕，只是在整修時被補起來了。不過，登上百貨頂樓，還能在陽台女兒牆上，看見幾道凹痕一路排列下來，彷彿能感受到當時的掃射。

繼續來到孔廟。在明倫堂庭院旁，有一座古碑，上面記載一八三五年道員劉鴻翱、知府守熊一本等官員，爲台南孔廟進行重修工程的事跡。撫碑之時，會發現有些地方，凹著幾道圓滾滾的彈孔，碑文也隱沒在彈痕中，無法辨識。

就算是神明坐鎮的寺廟，也不見得能安然度過彈如雨下的時刻。州廳後方的重慶寺、民權路邊的銀同祖廟、城外的法華寺，都曾經被直擊摧毀。倖存的寺廟，有的遭受波及被毀損了一部分，有的則成爲人們倉皇逃生的避難之地。

一座雕琢華美的古樸頂桌，擺放在民權路東嶽殿內，是日治時期「北門郡佳里庄下營」的奉獻。在空襲的時候，有幾個人匆忙藏身在桌子底下，竟然就有顆子彈被打到桌腳，桌子表面破了個洞，幸好躲在底下的人都逃過了一劫。

戰後，那個彈孔被人用木板塡補了起來，不過，老人家仍然記得這件往事，並且講述給後輩，現在廟裡面的人都知道，這座頂桌曾經守護了無助的人們，而埋藏在孔洞中的，則是一段生死交關的經歷。

這些圓形甚至是不規則的凹痕，就這樣躲藏在古都每一個不起眼的角落。

街廓的刮痕

爲了因應戰事，台灣的防空工作早已開始進行。初期，官方舉辦演習、相關展覽與教育課程，向民眾宣導防空觀念；進入到戰爭晚期，空襲頻仍，則組織警防團、燈火管制、設置防空壕、實施物資配給制度，市民也開始往市郊疏散。

爲了避免空襲時，大火在都市延燒，產生難以控制的災情，政府也依據防空法，在市區開闢防空用地。被指定的地方，建築物必須拆除，讓出空地。因此，早在轟炸之前，這些空地的開闢，就已在府城的城市地景上刮出一道道痕跡。

一九四四年底，台灣總督府發布了台南市區的防空用地計畫，共有五處。其中兩個空地，一處在永樂町，是現在民族路與國華街的交會口旁邊；一處在白金町，是現在忠義路與民權路的交會口旁邊。

在永樂町，被徵收的是水仙宮、三益堂，以及其北邊一整片的街廓。這導致了水仙宮大部分的建築被徵收拆毀，最終只留下一座大門。後來，水仙宮的水仙尊王及其他神尊們，全部遷到這座大門裡，把大門當正殿用，成爲現在狹窄的廟貌。

至於在白金町，徵收的是往昔打銀街與竹仔街的街廓。這裡原本是十字大街旁，是城內的輻輳之地，不少古老店舖與宅第座落在此，包含葉石濤家族的葉家祖宅。被徵收拆除後，葉石濤與他的家人只得搬到現在民權路與中山路交會口附近的嶺後街去住。

戰爭結束後，市民重新進入這兩處空地，而且還發展出熱鬧的市集。

在永樂町的市集裡，可以買到各式各樣的雜貨，但據說大多來路不明，所以有「賊仔市」之名。在一次火災後，市長辛文炳與警備司令部合作，一九六三年於原地新建一座兩層樓的「永樂市場」，就是它今天的樣貌。它的一樓仍是賣場攤位，二樓則是住家與堆放雜物的地方。循階而上，成排木板門夾道的廊道，似乎仍在迴盪著舊時光的旋律。

白金町的市集，後來也發展成「中央市場」。直到一九八一年，市長蘇南成與民間建商合作，拆遷市場，興建了高聳的國花大樓，裡頭有百貨、戲院、飯店，是六、七年級生舊城區重要回憶的一部份，然而現在亦已沒落。

原本中央市場的攤販，因此四散各地。其中一家現在仍繼續維持好手藝，就是在對面不遠處，位於天公廟巷口的阿霞飯店。

生命之味

伴著因空氣摩擦而產生的銳利尖聲，一顆顆炸彈，從天空墜落到自己面前，繼而牆崩地裂，振起滾滾白煙，直透天際，這般景象與當下的心情，現在的我是很難以想像的，畢竟沒有親身經歷過那般處境。

然而，遺落並隱藏在城內街巷屋宅裡的斑斑彈痕，則是一直提醒我，這座我所生長的城市，即便現在如此平靜繁華，卻曾有過這一段生死大事。

幸好，國華街上的春捲、碗粿、豆花、青草茶，仍是甘美如昔；而阿霞飯店的紅蟳米糕，也依然油亮動人。它們立足於被戰火傷害過的土地，卻也生根綻芽，用府城人熟悉的味道，一直看顧著這座城市人們的胃肚。肚子不餓了，才有了生機。我想，這不只是好手藝的味道而已，而是絕境逢生的生命之味吧。

現在位於天公廟前的阿霞飯店，是來自於防空用地上的中央市場，也就是國花大樓所在地。戰火的刮痕，仍生長出受人們傳承的美味。

空白

這座古都，現在依然閒適優雅。但在屋舍之間、巷弄一角，以及人們言談與記憶裡，好像隱約存在著些許「空白」。

那種空白，什麼都看不到，也不會讓人太在意。事實上，或許並不是眞的空無一物，而是原本有些故事，卻消失得太過驟然。人們不想再提、不敢再提，或者無法再提，因此成了一片空白。

空白之一：崇安街

現在飄著淡淡煎餅香氣的崇安街，曾有位詩人，窩在他塞滿書冊典籍的書房裡，邊翻書，邊誦著詭奇幻異的詩句。詩人的名字叫楊熾昌。

崇安街古名「總爺街」。清治時期台灣鎮總兵的衙門就在街的北端，總兵大人常循著這條街往來城內其他地方。街道北端的盡頭，有間土地公廟，名喚「鎮轅境」，還留著總鎮衙署東轅門邊的地名。

楊熾昌的家，就在總兵衙門前的巷子。十九世紀中期，漳州海澄人楊伯淇在府城經商，定居於此。楊伯淇的長子楊宜緑，既是府城傳統文人，也活躍於新式啓蒙運動。日治時期擔任記者的他，多次以手中之筆挖掘社會問題，並參與大南門外遷墓事件的抗爭運動，因此入牢走過一回。

楊宜緑的獨子楊熾昌，承襲了父親的健筆與文采，同樣擔任記者。一九三三年，他跟一群文學同好組成「風車詩社」。他們採用奇異而飛躍式的超現實主義寫詩，在當時台灣的文壇裡特立獨行。

風車詩社的創設社成員有七人，四名台南人，三名日本人，都是一時菁英才俊。但他們的文學生命皆不長久。

四名台南人中，筆名「林修二」的林永修，出身麻豆林家名門，是台南第一中學校——現在台南二中的高材生。他在一九四四年病故，最早逝去。

筆名「丘英二」的張良典，仁德人，與林永修同是一中學生。他是在就讀台北醫學專門學校時，受林永修介紹加入詩社。二二八事件期間，他受波及入獄；出獄後就不再創作，在大同路開設「良典醫院」。

筆名「利野蒼」的李張瑞，關廟人，與楊熾昌是二中同學。一九五二年初，他任職水利局斗六工程處，因爲匪諜案遭情治人員逮捕，該年底槍決。家人在極大恐懼下，將他遺留的詩作全部銷毀。

而筆名「水蔭萍」的楊熾昌，戰後擔任《台灣新生報》記者。二二八事件期間，因爲「擅自發行號外、替匪徒通風報信」的罪名被逮捕，囚入台南監獄。

台南監獄，舊址在今日西門路的新光三越百貨。當時楊熾昌囚房隔壁關著湯德章，兩人有過簡短對話。湯德章對楊熾昌說，因爲遭嚴重刑求，他雙手被木板夾到腫脹不堪，吃飯時，連筷子都拿不起來，只能以口就碗。幾天後，湯德章就被送到民生綠園，槍決示衆。

楊熾昌被關了半年多後才出獄，進《公論報》工作，一九五二年辭職。此後，他也很長一段時間不再寫詩，自詡爲「文學界的一個逃兵」。那年也是好友李張瑞被逮捕之時。詩人擱筆，是否與好友遭難有關，無人知曉。

在總爺街的舊家，有楊熾昌收藏了數千冊藏書的書房。一九四五年美軍空襲府城，舊家包含書房藏書，全部毀於戰火，日後楊熾昌也搬離該地。

他舊家的位置，在我小時候開闢了一條新馬路，叫做「福德街」，所以原址現在也大半化作道路。站在福德街上，還可以見到那舊址房屋一片側牆，但已無炸彈的硝煙味，也無楊熾昌與風車詩社成員的過往。

空白之二：開元寺

於木廊與綠蔭間縈繞陣陣鉢吟的開元寺，曾有位法師，伏案思索著佛教革新與社會化的課題。法師的法號叫證光。

開元寺不在城內，而是在大北門郊外。傳說那裡曾經是鄭經

證峰、證光法師這兩位駒澤大學的同窗摯友，曾先後在這座開元寺叢林中解如來義，並實踐改革熱忱。

位在台江海畔的花園別墅，名喚「北園」。鄭氏離台後，一六九〇年，由清朝官員改建為佛寺。至今，寺內保留了絕美的傳統格局，三百餘年時光，靜謐地收藏在這片優曇聖境裡。

證光法師俗名高執德，出身彰化永靖。他在開元寺皈依，並在寺方資助下，往赴東京就讀曹洞宗駒澤大學，一九三〇年畢業。

歸台後，他一度進入台灣總督府文教局社會課任職、擔任雜誌記者與編輯，也回到故鄉永靖，擔任信用組合常務理事。

跟他同一年畢業於駒澤大學的，還有證峰法師，俗名林秋梧。一九二七年，林秋梧於開元寺皈依，活躍於宗教改革與社會運動，卻在一九三四年英年早逝。隔年，高執德受寺方之託，返寺接替林秋梧的執掌工作，並在一九四三年接任開元寺住持。

一九五四年，高執德在今日公園路的愼德堂舉行安奉佛經典禮，卻遭保密局人員逮捕。逮捕的原因，是因為在一九四九年底，高執德曾於開元寺收留堂弟高平儒，以及曾任台北樂生療養院院長的楊仁壽醫師。這兩人，當時都被政府視為匪諜，而高執德則因此受到牽連。

無端被逮捕的高執德，原本只判處徒刑；然而，蔣介石卻從中介入，指示應該判處死刑。生與死的巨大差異，竟只在於統治者筆下的隻字餘墨之間。

一九五五年八月最後一天，高執德被押赴刑場，槍決身亡。而開元寺這裡，已無證光法師執掌寺務。

空白之三：青年路邊

現在人來車往的青年路旁，曾有位醫師，診療之餘，會用大提琴拉著悠長而滄桑的旋律。他的名字叫胡鑫麟。

出身府城的胡鑫麟，一九四二年台北帝國大學（現在的台大）醫學部畢業後，進入台大醫院服務。

一九五〇年初夏，台大醫院幾名醫師，被突然闖入的保密局情治人員帶走，當時擔任眼科主任的胡鑫麟也在其中。他與院內第三內科主任許強等人，曾經研讀過一些左派著作，卻被政府視為「參加叛亂組織」而逮捕。

胡鑫麟被捕後，先後關進保密局南所、北所，再移到台灣警備總司令部軍法處看守所，地址是「青島東路三號」——現在位置在台北捷運善導寺站二號出口旁。許多無辜人民與知識菁英，都曾被拘禁在那裡面，等待最後的判決。

跟許強、胡鑫麟一起被帶走的，還有皮膚泌尿科醫師胡寶珍，府城人；耳鼻咽喉科醫師蘇友鵬，善化灣裡街人。這幾位受難醫師，全都是台南人。

許強是佳里興人，九州帝國大學醫學博士。一九五〇年底，許強被點名要帶出牢房，他向同房的胡寶珍拍了拍肩膀，以台語輕道一聲「再見」，隨即出門。當日，三十七歲的他遭到槍決身亡。

至於胡鑫麟、胡寶珍、蘇友鵬三人，都判處十年徒刑。當大家要從軍法處移送綠島服刑時，蘇友鵬回憶，他聽到跟他銬在一起的胡鑫麟，口中喃喃唸著 die toten marschieren，是德語「死亡行進」的意思。當時的路途中，混雜著大家腳上鐵銬的鋃鐺作響聲。瀰漫著讓人難以想像的彷徨無助。

此後，三位醫師的珍貴十年人生，都虛度在綠島牢獄中。一九六〇年出獄，大家也無法回到台大任職，只能各自別去，力圖重生。胡寶珍在新營開設寶生診所，自行執業，但仍受特務長期監控。蘇友鵬在學長蕭道應協助作保下，進入鐵路局醫院耳鼻喉科工作。

至於胡鑫麟，則是返回府城老家，在青年路開設永明眼科診所。雖然背負這種前科，而且診所附近都有特務監視，但還是有不少人前來求診，包含台南幫的實業鉅子吳修齊。

一九六一年，他的兒子胡乃元出生。由於胡鑫麟拉大提琴，胡乃元受到父親影響，也對拉琴有了興趣，五歲就開始接觸小提琴。他所拿的第一把琴，是胡鑫麟從綠島攜出、由獄中難友手工製成的。

胡鑫麟對兒子寄予厚望，卻因為特務的監視與騷擾，風聲鶴唳，讓他萌生離開台灣的念頭。一九七二年，他將就讀永福國小的胡乃元送到美國，開啟了胡乃元在海外的音樂之路。隨後，他與妻子也遠走日本了。

現在的胡乃元，是享譽國際的小提琴家。他因為時代因素而踏上旅外之途，卻沒忘記過故土台灣，以及家鄉府城鱔魚意麵的美味。

但在青年路邊，已無醫師的大提琴聲。

空白之四：神農街

現在遊人如織、店舖林立的神農街，曾有位女孩，踩著青春年華才有的輕盈步伐，穿梭在狹長而古老的港濱街巷。女孩的名字叫施水環。

神農街古名「北勢街」。往昔有條水道，從水仙宮廟埕前，向西延伸到台江內海，擔負府城貨物運輸往來的重任。水道南北兩邊，各有重要的商業道路，南稱「南勢街」，是現在民權路三段的一部份；北稱「北勢街」，是現在的神農街，至今還保有一部份街屋古貌。施水環的老家，就在北勢街上。

戰後，施水環離開家鄉府城，到台北郵局任職。然而，一九五四年，有人密告施水環在宿舍藏匿涉嫌叛亂的弟弟施至成。情治人員逮捕她，送進軍法處看守所。

一開始，施水環堅信，最後一定會無事返家。在寫給母親的信裡，她請母親不要煩惱，寫著「我們期待辦事清明的法官，給無辜的我們，澄清這次遭遇的災難。」

然而關押了一年多後，她一九五六年的信裡寫道，「在離開媽媽的這些漫長日子裡，兒眞是痛苦極了，痛苦極了，終歸是痛苦！」隱約能感受到，隨著囚禁時間越來越久，她的情緒已逐漸不安。

除了弟弟的案件，施水環還牽扯入莫須有的台南郵電局叛亂案。同樣被波及的，還有她的同鄉好友丁窈窕。

一九四五年戰火之中，丁窈窕從台南第二高等女學校畢業。甫爲社會新鮮人的她，順利進入台南郵局任職，之後再調到台北郵局，並且結識施水環。兩人趣味相投，成爲莫逆的好姐妹，但也因案件而彼此牽連。

丁窈窕也被拘禁在軍法處，而且還帶著年幼的女兒。囚禁了一段時間後，她似乎知道難逃一死。一九五六年，她在軍法處內，遇到同鄉舊識郭振純，便將自己的訣別書與一撮頭髮，交託給他。

同年的七月二十四日早上，施水環與丁窈窕被帶走。丁窈窕年幼的女兒當場哭喊，緊抓母親不放，最終仍被硬扯開。啓程後，兩人被綁赴淡水河畔的馬場町刑場，槍決斃命。

也是因爲匪諜案被牽連入獄的郭振純，在一九七五年出獄。他曾前往丁窈窕母校的台南女中，將丁窈窕當初交付的頭髮，埋在操場旁的金龜樹下，因爲他記得丁窈窕說過，自己一生度過最美好的時光，是在南女的學生歲月。

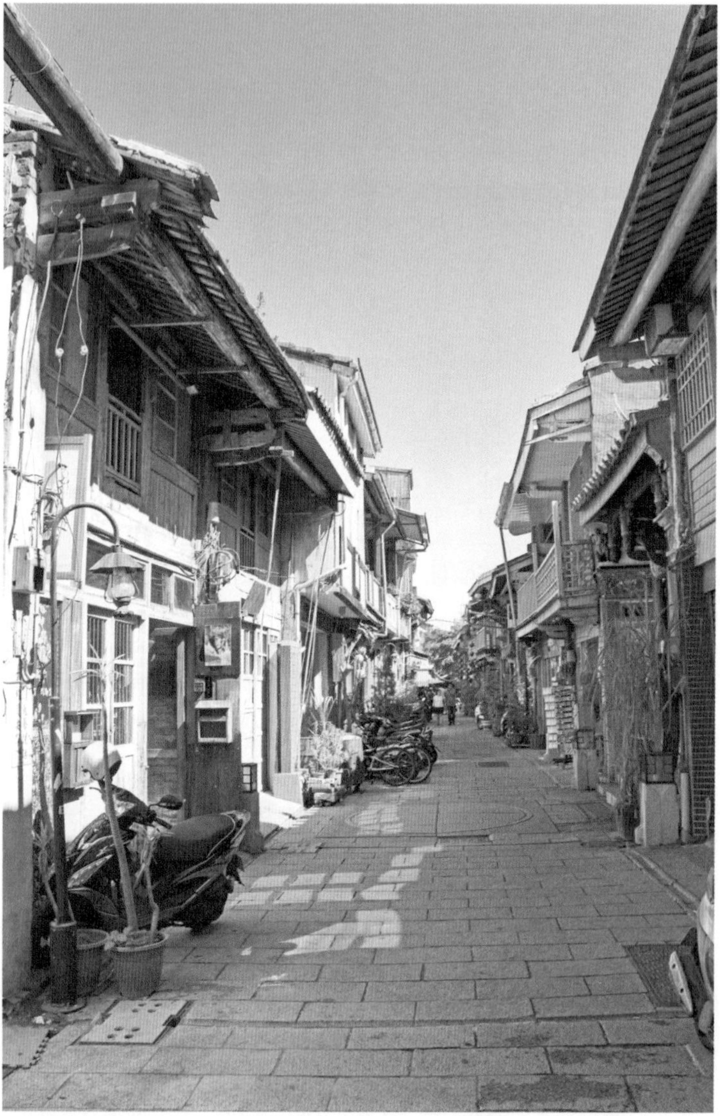

施水環的青春步伐，可能曾經在這條古樸的神農街上來回踩踱。

埋遺物之處，就是在現在的南女操場旁，但其實那裡並不是丁窈窕就讀的二高女。

日治時期的一高女與二高女校地，在戰後有些變化。一九四七年，二高女合併了一高女，並遷往一高女的校園——也就是今日南女，成立了台南女中。至於二高女原本的校地，則在一九五七年撥給市立初級女子中學使用，一九六八年改爲中山國中。在這狀況下，郭振純當時所知道的南女，自然是大埔街上的台南女中，而不會想到丁窈窕眞正就讀的南寧街中山國中原址了。

台南女中操場旁的金龜樹，因為郭振純來此追憶丁窈窕，現在被稱為「丁窈窕樹」或「人權樹」。

不過，歷史雖有流轉，記憶終歸所繫，這美麗的錯誤，卻絲毫沒有影響到感物情懷。二〇一五年八月，在強烈颱風蘇迪勒摧殘下，南女的金龜樹應聲倒地。郭振純探視之時，仍是難掩思懷故友的遺憾之情。

但其實有很長一段時間，南女無人記得這位無故斷送性命的學姐。

那些消逝的青春與生命

就是如此這般的紊亂、破碎、模糊而又不安的空白片段。這只是城內眾多空白的其中四處而已。

二次大戰結束後，中國國民黨政權接管台灣。隨著中國國民黨在中國內戰的情勢越來越不利，台灣也跟著捲進內戰風暴，承受極度高壓的特殊統治規範。

一九四七年，中國國民黨政府宣布啓動「動員戡亂」體制；一九四九年，台灣省隨之發布戒嚴令。此後的日子，不斷考驗著人性與信任。有作家提不起筆桿，有僧人中斷了梵唄，有醫師褪下了白袍，也有少女找不回青春年華。還有更多人爲了避免無端牽連，從驚疑漸趨於疏冷、噤聲，甚至刻意遺忘。

經過四十餘年後，隨著解嚴與動員戡亂時期中止，這些壓力才在一九九〇年代以後逐漸卸下。但在這麼長時間的累積之下，恐懼根深蒂固，很多人至今仍不願回顧往事。當時刻意的噤聲不語，現在也變成了真正的遺忘。不自然的空白與寂靜，依然存隱。

現代的府城人，正持續試著把那些空白都抹開。接著，就是鼓起勇氣，真誠回顧原本在那些空白底下，充滿血淚與傷痕，屬於往昔府城人們一段消逝的青春與生命。

雕像

在還沒長得很大之前，我跟著老媽外出，不管是去買菜、去辦事，或者純粹愛哭愛跟路，總是站在小巧的摩托車踏板上，前身靠著車子龍頭，用僅離地一百多公分高的視野，不斷對這座城市的街景東張西望。那時所見的畫面，一切都懵懂得極爲新鮮趣味。這樣的體驗，在往後約略殘留了一點，直到現在，我仍會不自覺望著車窗外移動的風景，相當投入其中。

童年所見的市區風景中，有個印象是，常在路旁看到一些黝黑的鐵人，站在高高遠遠的地方。它們是某些人物的雕像，不過在我童年視線裡，那些鐵人奇裝異服、高大莫測，比路上行人還要顯眼。

鄭成功的模樣

要說小時候最有印象的鐵人，應該是在火車站前方圓環裡，前後並立、有如兩根巨柱的雕像吧。

其中一尊，基座是用一堆石板疊起來，最頂端有三個人，衝來推去，遠遠看以爲是在玩摔跤或打架，但其實不是。長大後知道，那是蘇南成市長任內建立的橄欖球銅像，記錄了台南市橄欖球隊在台灣區運動會連霸奪冠的偉業。不過，在二〇〇六年的圓環景觀改善工程中，它被遷移到體育公園，不再立於火車站前了。

小時候在火車站前看起來像是在打架的兩個人，其實是橄欖球銅像。

另一尊，在靠成功路那邊，造型是佩劍、穿袍與戴帽。小時候，以爲那不過就是個穿古裝的某個古人罷了，且因爲旁邊分隔島上還立著一座寫著「還我河山」標語的精神堡壘，大概被連帶暗示，讓我一度以爲那是岳飛之類的人物。也是到後來才知道，原來那是鄭成功的銅像。

那尊鄭成功，是戰後初期府城市區裡較早豎立的公共空間銅像。但在豎立之前，它曾被「鄭成功到底有沒有鬍子」這看似有點無聊的問題所困擾。

那場爭論最初的起源，是延平郡王祠的鄭成功塑像。戰後，祠裡正殿的鄭成功像受損了，一九四七年，市政府要重新製作一尊像，因而將這個任務委請北勢街西佛國的粧佛匠司「佛仔心」蔡心來負責。

蔡心依據畫家小早川篤四郎於一九三五年繪製的油畫系列作品《台灣歷史畫帖》，以其精藝巧手，塑造出一尊國字寬臉，沒有鬍鬚，內著盔甲、外穿龍袍的「文武袍」，挺身端坐於椅上的鄭成功像。這尊像完成後，就因而被安置於延平郡王祠正殿內。

沒幾年，在中國內戰局勢失利的中國國民黨政府全面撤退來台，日後，鄭成功的

「民族英雄」形象被更積極經營，以支持統治當局「反攻中國」、「鞏固中華」的論述。而祠內那尊依照日本人繪畫所製作的無鬍塑像，因此受到嚴重檢驗。它被認爲沒有忠實呈現鄭成功面貌，所以在一九五三年出現了改做另一尊新像藉以取代它的提議。

因爲要造新像，「鄭成功有沒有鬍子」的問題，率先引發激烈爭論。一九五四年，台南市政府要在火車站前廣場建立鄭成功銅像，也因爲鄭成功的造型容貌還沒有定論，所以無法展開塑像作業。

爭論到最後，當局裁定，以官方博物館的典藏品——省立台灣博物館的「鄭成功像」，作爲鄭成功面貌的標準依據。延平郡王祠那裡，便聘請了學院派的楊英風打造新像，蔡心的舊像只好搬出祠堂，移到鄭氏家廟安置。至於火車站前的銅像，也委由學院派雕塑家蒲添生製作。他們所採用的，都是台博館「鄭成功像」那身明代文官衣冠、下巴蓄短鬚、一手端扶腰帶的樣子。

有鬍子的，終究打敗了沒鬍子的。這爭端牽扯的不只鬍子問題，還有台灣又再度捲入中國內戰的命運，以及統治當局的介入、甚至主掌鄭成功詮釋權的過程。

延平郡王祠內由楊英風塑造的鄭成功像（上），具有濃烈的戰後官方正統色彩；而被請出祠堂的塑像，則轉到民間的鄭氏家廟中（下）。

就在出身天壇旁邊礪園林家的富紳、人稱「三舍」的林叔桓資助下，一九五七年，那黝黑的鄭成功銅像，就在火車站前的台南鐵塔正前方揭幕了。從此，它櫛風沐雨，一站就站到二十一世紀。

總督的雕像

說起府城較早且知名的雕像，除了火車站前的鄭成功，還有原本在湯德章紀念公園——原稱爲大正公園的兒玉源太郎石像。

陸軍將領兒玉源太郎在一八九八年來到台灣，擔任第四任台灣總督。一九〇三年，適逢總督任期屆滿五週年，台灣商紳計畫在台北、台中、台南，以及後來應陳中和要求而增加的打狗這四座城市，爲他建立「壽像」。計畫底定後，透過英國公司三美路洋行（Samuel Samuel）向義大利佛羅倫斯訂作四尊石像。該年底石像完成，並在隔年的一九〇四年跨海運抵台灣淡水。

有一尊石像，因爲運送過程中受損，台灣方面又再向義大利重新訂作一尊，中間多耗費了半年時間。所以台南的石像，要到一九〇五年秋天才運抵府城。當時，蔡國琳、張文選、洪采惠等數十位府城士紳專程前往台北，將石像迎領到府城，一開始先暫放在台南廳的辦公廳舍。

各城市的兒玉雕像，都因爲尚未決定設置地點，一直沒有動工。直到一九〇六年，兒玉在日本已經因腦溢血撒手人寰，台灣這裡也還沒有任何一座雕像豎立。這些當初爲生人所做的「壽像」，都成了「遺像」。

不過，兒玉的辭世加速了豎立雕像的腳步。府城這裡開始提出幾個立像的候選地點，像是三界壇街、大東門，以及通往安平的大路等。最後，在一九〇六年秋天，當局正在開闢三界壇街一帶的空地，衆人終於決定把雕像安置在這裡。一九〇七年，雕像開始動工興建，在十一月三日天長節正式揭幕。繼台北、台中之後，這是第三座在台灣豎立的兒玉雕像。

這尊雕像，以兒玉源太郎的軍戎裝爲主要造型，高站於圓環正中央，睥睨附近一帶街區。雖然大家都覺得那是大理石像，但經過研判，那應該不是大理石，而可能是常見於美術雕塑品所用的雪花石膏。

不管如何，那潔白的雕像，也僅只佇立了三十餘年時間，之後就消失無蹤。有人說，它是在一九四四年美軍轟炸下倒塌的；也有人說，是在戰後拆除的。總之，人們記不太得它是怎麼不見的，只有「石像」的地名，仍持續留在老一輩人的記憶裡。

事隔近七十餘年。二〇一五年，現在的公園路三二一巷藝術聚落、以前的日軍步兵第二聯隊軍官宿舍裡，貓咪愜意地隨處探鑽，有人隨著貓咪的足跡，彎腰往屋舍地基下方一看，竟因此發現有顆白色的人頭雕像。

那頭像戴著日本軍帽，下巴蓄著短鬚，雖然大半沾染灰塵，但特地鑲入玻璃珠的眼睛，仍是閃閃發亮。經過確認，那是當初兒玉源太郎石像的頭部。

圓環上的雕像，爲什麼只剩下一顆頭，流落到北邊的軍官宿舍地板下？那是令人費解的過往軼事，或許難以解答。但在圓環原址，當兒玉源太郎退下後，還有第二號人物接著站上去，就是孫文雕像。

站到鐘上

一九〇〇年，孫文曾經秘密前來台灣訪問總督兒玉，向他尋求廣東惠州三洲田起事的資金援助。兩人早前有此次謀面，沒想到，在府城的湯德章紀念公園，他們又先後來到，再度巧合相續這段歷史因緣。

孫文雕像的豎立，與一九六五年的「國父百年誕辰」有關。前一年，爲紀念百年誕辰的到來，市議會通過設立雕像的計畫，由一九四九年隨中國國民黨政府來台、任教於政工幹部學校的江蘇人劉獅塑造。隔年，孫文像在民生綠園完工揭幕，當時剛從美國回到台灣的孫文長子孫科，也受邀蒞臨與會。

跟兒玉的石像不一樣，這孫文像是銅鑄的。他身穿西裝外袍，一手插口袋，另一手握著文件紙卷，兩眼望遠凝視，面向西方的中正路，也就是中國故土的方向，契合當時統治者要傳達的意旨。在火車站前的鄭成功銅像上，也有類似的安排。

至於銅像基座，不似兒玉石像那般有古典式線條，倒是四方平整。它原本不是基座，而是一座標準鐘，四面都裝有指針式時鐘，以方便四方行人觀看。它比孫文銅像還早座落於圓環中央兒玉壽像的舊址上。

一九四七年，中國國民黨政府宣布進入「動員戡亂時期」，期盼加速剷除中國共產黨。即使在一九四九年全面撤退來台，這套體制也繼續在台灣實施。

在這特殊時期裡，政府曾力推節約政策，節省資源對抗敵人，其中一項，是守時運動的推行。遵守時間就能增進效率，達成節約的目的；而推動守時的其中一個辦法，就是在公共空間中設置標準鐘，將時間訊息傳達給人們，讓大家能遵守時間。

爲了響應這項政策，早在一九五二年，台南市政府就已經打算訂購大型標準鐘，但因爲當時台灣沒人在做這種大鐘，只好先將圓環旁消防隊瞭望塔上早已毀壞的大

被推倒前的民生綠園孫文銅像，攝於二〇一三年。我不只一次看到鳥兒站在他頭上悠哉休憩。

鐘修理好，權充報時鐘使用。直到一九五八年，台灣省主席周至柔下令，各縣市必須普遍設置標準鐘，因而在辛文炳市長任內，正式於民生綠園中央設置了標準鐘。

在孫文銅像安裝上去的時候，這座標準鐘還在運作，因此曾經出現了銅像站在鐘座上的景觀。然而，日後時鐘停擺，被毀棄不用，現在雖然還看得到四面的圓形鐘面孔洞，但早已用獅子會的圓形會徽蓋住了。

這座雕像豎立之時，曾蒙上些許陰影。當時一位市議員，唆使鑄像的廠商浮報經費，私下收取浮報的價差。他也再向廠商另外訂作五十尊小銅像，高價推銷給市府所屬機關學校，販賣所得也是納為己有。這件弊案，之後由台南地方法院審理，市議員被判處六年徒刑。

舞弊，腐毀了雕像。過了近五十年時光，銅像又更加老朽，產生安全疑慮，所以二〇一三年市政府有卸除的計畫。同一時間，主張保留銅像的人群進入圓環，懸掛布條，阻擋拆除。

拆留爭議尚未休止之際，二〇一四年，也是銅像豎立的第五十年，有群衆將銅像拉下來了。台基上變得空無一物，巧合地再度重回到五十年前只有鐘座的景象。孫文跟兒玉一樣站上圓環中心，而且站得比他久，但也一樣跌回地面，跌出了一個時代的休止符。

不過鐘座也沒有留存多久。在大家還來不及回想起它爲市民盡責報時的記憶時，二〇一七年，市政府就將鐘座也移除了。原址曾短暫栽上一堆瑰麗的花草，像是濃密雨林深處的華美墳墓；二〇一八年底，再重新安置上「迎風」的銅雕作品。它以「卽使逆風，依然向前」的藝術意象，企圖重新定義圓環的空間意涵，卻也迴避面對積累在圓環內的厚重歷史記憶。

該如何面對與梳理圓環的歷史記憶，也許人們還沒準備好。

黝黑的鐵人們

城內的雕像不只鄭成功、兒玉源太郎、孫文這三位，也包括到處分身的蔣介石。依照不同的場所，雕像被安排做出不同姿勢，像是在校園裡，蔣介石就會拿本書；在公園裡，蔣介石就是看著旁邊小朋友玩的慈祥老爺爺。

這些雕像，通常佇立在那些沒事不會靠近的地方，像公園一角、湖畔一隅，或有馬路分隔的圓環裡。卽便它們在這座城市裡相當顯眼，但它們是誰、爲什麼要站在那裡，大部分市民，包括以前的我可能不太了解、也沒什麼興趣了解。對人們而言，它們不過就只是直挺挺站在街頭上的黝黑鐵人罷了。

長大後，喜歡到處亂晃，我開始試著拜訪這些「街頭上人物」，補足小時候有印象、卻空白陌生的地方。「啊，原來這個雕像就是他啊」，每每靠近端詳它們，總會有這般恍然大悟之感。

雕像是紀念碑的一種。它們

鐘塔移除後的湯德章紀念公園，攝於二〇一七年。現在原地已改置「迎風」的銅雕作品。

設立在人群輻輳的中心空間，確保可以被大家所看見。因此，它們成爲城市顯眼的景觀，也見證了城市與公共空間的發展過程。

時過境遷，在過去威權時代裡，爲迎合統治者國策而豎立的雕像們，顯然已經不合時宜。孫文像被拉倒了，蔣介石像被移走了，鄭成功像底下也開始燒起了原住民的狼煙。

黝黑鐵人們，也許終將步下台基，到恆溫恆濕的博物館庫房裡頭，改向後人說故事。而現代的府城人，也還在思考著：舊雕像繼續盤踞在公共空間裡，是否合理，誰才是眞正在這塊土地上活動過的人，以及這一代的人應該如何看待自己的城市空間等等問題。

這些問題，是有點複雜而難以處理。不過，當人們開始思考城市與空間時，這些鐵人，跟大家的距離就慢慢拉近了，不再是與人們無關的路邊罰站者。

ABC

崇安街有間「連得堂」老煎餅舖。木造店舖內，安置著老烤盤，手工煎餅的香氣，從盤中陣陣溢出店門前，將昔稱「總爺街」的古老街道，跟煎餅一起烤烙得輕飄溫醞。

「煎餅」一詞，在現在有許多不同指稱。它可能指用麵糊攤成圓狀，再加入油、蛋、蔬菜等，一起煎烙而成的鹹餅。或者，也有可能是指韓式煎餅、印度煎餅、日式雜菜煎餅、台灣人發明的泰式月亮蝦餅、夜市的可樂餅、歐式鬆餅等各種圓形餅皮料理。

連得堂的煎餅，不是那類料理，而是日治時期傳入的日式煎餅——中文習慣寫作「仙貝」的餅乾。一講到仙貝，可能聯想到的是口感鬆脆輕巧，但連得堂煎餅是用麵粉調製，不是一般常見的米菓仙貝。像雞蛋煎餅，口感就十分硬實，類似日本的瓦片煎餅。

連得堂店號，取自創店的蔡清連、蔡清得兩兄弟名字。一九二〇年代，他們向日本糕餅師傅學習製作煎餅，學成後，一度在總爺街頭的鎮轅境頂土地公廟口販賣。一九五〇年代以後，也曾把煎餅批到南門路的克林商店。

現在以台包、饅頭、水晶餃聞名的克林，一九五二年開店，初期主要賣西點麵包與食品雜貨，剛好吸引了當時駐紮在南邊的美軍來購買。爲了吸引美國人目光，連得堂煎餅也在商標加上英文名稱。

細看現在連得堂的包裝袋及雞蛋煎餅的餅面上，還留著餅舖的老商標。簡單俐落的線條，先勾勒出兩個相互疊合的山巒圖案，帶點日治時期「入山形」的日式商標構圖；而在山的下方，有「Leng tih tong」的草寫英文字，是「連得堂」三字的台語拼音。

連得堂煎餅上那時髦的英文字。

府城人學ＡＢＣ

那串英文字，現在看來還是有些老派風華，但掩不住時髦感。

這不是台南人第一次接觸ABC。源自義大利中部、隨羅馬文化廣布、現在通行全世界的拉丁字（或稱羅馬字），十七世紀就被荷蘭人帶來台灣，用在自己的荷蘭語，也幫原住民拼寫他們的口頭語言。

新港等部落的原住民，因此拿起鵝毛筆，書寫這些「番仔字」，直到荷蘭人離開後依舊使用，尤其是常拿來寫要交給漢人的契約，現代學者稱呼那些寫著羅馬字的契約叫「新港文書」。依照留存至今的古契約來看，新港文書至少到了十九世紀中期還在使用。

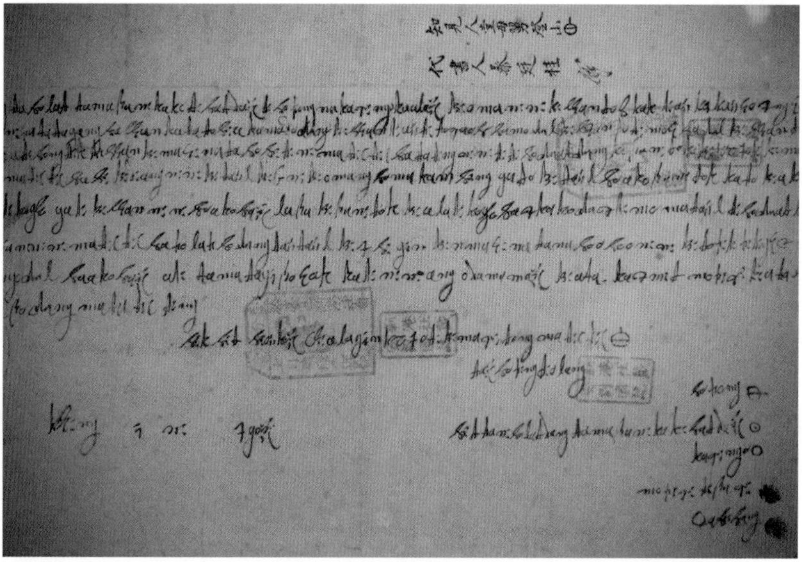

新港文書。

開港後，歐美人士再度頻繁進出台灣。府城人跟他們說英文，打交道、做生意、當起買辦中間人。而長老教會的牧師巴克禮，在城東新樓的一座磚造小屋裡，架起印刷機，於一八八五年印出《台灣府城教會報》（Tâi-oân-hú-siâ^{n} Kàu-hōe-pò），發行了城內最早的報紙。紙上寫的不是中文字，而是羅馬字，可以拼出當時

用來印刷《台灣府城教會報》的聚珍堂印刷機。

府城人所講的閩南語，彌補其有音無字的窘境，因此人們俗稱爲白話字（peh-ōe-jī）。這跟原住民的新港文書有類似功用。

印製教會報的磚造小屋，取名「聚珍堂」。羅馬字便是正如其名，以字識讀，字字珠璣，不但成爲當時基督徒在信仰傳播上的文字工具，也承載了二十世紀以後城內社會啓蒙運動與對抗統治威權的文化語言。

一九二九年，台灣民衆黨的蔡培火等人，就在祀典武廟舉辦白話字研究會。在香火微裊的木造殿堂裡，人們學習以羅馬字書寫與詠讀自己的語言。今日廟內拜殿壁上，有塊一九三三年武廟重修落成的捐題石碑，上面能看到「民衆黨」捐資響應的鐫刻題名，卽來自人們在廟內學習羅馬字的因緣。

以白話字記讀自己的語言，自我文化意識隨之提升，也招致統治者的警戒。不論是日本政府或中國國民黨政府，都會認爲白話字會妨礙國家推行「國語」政策，因而進行禁絕。這也許是在現在重視母語的環境裡，有點難以體會的過程吧。

不只學習外語，在府城，透過白話字，庶民也有機會接觸羅馬字。這樣的歷史背景，造就出府城人獨特的語言經驗。所以連得堂煎餅上的羅馬字，跟新港文書或白話字很像，也是一種拿外國文字拼讀自己語言的辦法。

但不太一樣的是，新港文書或白話字大多是寫給自己看，煎餅上的字，則是寫給外國人看。所以在煎餅表面烙下這串文字的，除了有連得堂店東的創意，還有二次大戰結束後詭譎的世界局勢。

一九四九年，中國國民黨政府撤退台灣，繼三百多年前的鄭成功軍隊後，台灣再度被捲入中國內戰風暴，成爲敗退勢力的暫時棲避之所。緊接在隔年，朝鮮半島爆發戰爭，美國爲控制戰局以圍堵共產陣營，決定對蝸居台灣的中國國民黨政府重新給予軍事協防與經濟援助。

美軍來到台南，主要駐紮於台南機場，有正規軍，也有重要的航空公司民航與亞航，支援飛機的維修重任。此後，美國人往來城內，除了在中山、民族路口（現在東亞樓附近）及體育場旁（現在的勞工育樂中心）有美軍招待所外，城內街坊商店、觀光景點，甚至特定區域的酒吧或俱樂部裡，都有美國人的身影。

民權路上，有一座舊美利安百貨店，裡面曾座落一處招待美軍的地方。

美利安是澎湖人蔡淑棟於日治晚期開設的百貨店，經營和洋雜貨販售。戰後，百貨店遷到中正路，但原本的建築物還留存至今，一圈「美」字的標記，仍好好嵌在正面外牆上。

這座老屋中間一度由傢俱業者接手。傢俱店歇業後，由藝術工作者杜昭賢進駐，主持名叫 B. B. Art（Beautiful Building of Art）的當代藝廊，名字典故來自美利安的「美」字，以及對老屋之美的詠歎。因爲受到呵護與善用，步入老屋，除了感受到一股不同於現代步調的韻味，還有一種跨越時間的生命動感。

循著店內一角的磨石子階梯登上二樓，再換攀另一座木造階梯，小心翼翼拾階而行，最終抵達三樓廳閣。來自屋外民權路天空的光線，滲過拱形木格窗，灑進這座廳閣的斑駁地板，及每一道木板縫隙裡。窗外車聲嘯來嘶去，但廳裡彷若一切沉靜，塵埃落定。

在廳閣的木地板上，隱約可見到殘留的藍圓底白星形圖案。仔細定睛辨認，那是

舊美利安百貨店地板上的藍底白星圖案（上），以及三樓廳閣的陳設（下）。

一顆美國空軍的國籍標誌。這種標誌通常會塗裝在飛機或車輛上，在此處卻大大橫躺於地板上。

當初杜昭賢接手這棟老屋，清理地板時，意外讓這個圖案重新面世。她向街坊打聽，得知這裡確實一度經營美軍招待廳。如今，原本的陳設光景、人們在這裡如何悠哉聊天或開懷暢飲，都已難想像。這地板塗漆，成爲唯一殘留的痕跡。

如同那片塗漆的斑駁，現在城內也是沒留下什麼美國人足跡，對人們而言，這段記憶還是相對淡薄許多。這可能是因爲當初美國的離去，爲這段美國時光劃下一個現實而難堪的句點。

一九七一年，仍困於台灣的中國國民黨政府，連在聯合國代表中國的資格都喪失了，美國的態度也逐漸轉變。隨著越戰進入尾聲，不管是在越南主戰場的、或是駐守在台灣的美軍，都開始陸續撤離。一九七六年，府城人慣稱的「美國學校」(bí-kok hak-hāu) 也閉校。到了一九七九年，美國與中華人民共和國建交，改以〈台灣關係法〉面對台灣問題，直至今日。

來自千里外的人們

那個「美國學校」，就位在城外的開元路上。

我小時候常經過開元路。記得當時只看到一道長長灰色水泥圍牆屹立路邊，不知道是什麼地方，也不知道牆後有什麼東西——但正如前面說的，當時美國學校早已關閉許久，裡面早就沒東西。總之，熱鬧街區上有這一片靜謐而未知的神秘地帶，總讓人不禁多看幾眼。

這地方的神秘奇特之處，不只因爲是美國學校而已。人無法飛天，但若能馬上向天空衝去，就能以鳥瞰大地之眼發現，這帶地方其實是一整片整齊方正的長條形區塊，斜斜地橫亙在綿密複雜的街廓裡。它的佔地還不小，西北端在鐵路邊，東南端在柴頭港溪河道，兩端相距超過一公里遠。

這麼巨大的長條區塊，必然是人爲規劃的結果。百餘年前，這裡是府城東北方的郊外荒地，一九〇八年才由軍方收購，闢建出長條區塊，作爲駐軍打靶場地，俗稱「三分子陸軍射擊場」。所以這個長條空間，其實原本是靶場的形狀。

戰後，射擊場被新政府的軍方接收。一九四九年後，射擊場不作射擊，而是用作建地，在頭尾兩端陸續興建了樂群、中正（之後改爲實踐）、富台、光復、自治、果貿、自強、慈光等眷村，安置來自中國各地區、各部隊的軍民眷屬。

開元路邊、也就是射擊場的西北端，現在遺留一座「富台社區」的簡易牌樓，那是往昔「富台新村」的入口。「富台」的「富」字，取自富國島一座位在越南與柬埔寨邊界外海處的島嶼。在一九四九年的大撤退中，湖南人黃杰帶領國軍部隊輾轉遷移到越南，最後落腳至富國島上，苦苦等待中央政府的接應。直到一九五三年，他們才被接到台灣，分住至各地的「富台新村」，這裡就是其中一處。

戰後的台灣眷村，都有這樣一段離鄉背井、流轉千里，最後在這南國異地上重新生活的故事。不過，時間漸行漸遠，軍民逐漸凋零，門戶比鄰的村落風貌也慢慢消失，逐一化爲巨樓林立的國宅。

府城周邊的大規模眷村中，位於城南的水交社，已在二〇〇七年後拆除殆盡。位於城北射擊場的眷村，也在上個世紀末開始拆除。開元路北邊，蓋起十幾棟嶄新的「長榮新城」，取代了原有的傳統社區景象。「富台社區」小牌樓，也許是當初忘記拆除乾淨，現在就形單影隻地偎在開元路虱目魚湯攤旁，成爲僅存的遺跡。

找尋美國學校

國軍眷村主要分布在射擊場的兩端，而中間的地塊，國防部就提供美軍設立「美國學校」，作爲在台外籍人士的眷屬子女們上學之處。

美國學校設立於一九五三年，校名有幾次變更。一開始叫做台南美軍顧問團學校（Tainan MAAG School），一九五五年更名爲台南美國小學（Tainan American Elementary School），一九五八年再更名爲溫萊特學校（Jonathan M. Wainwright School），以紀念在開校當年辭世的溫萊特上將。二戰期間的一九四二年，溫萊特在菲律賓率軍投降日本，隨即從高階軍官成爲日軍俘虜。他曾被送到屏東、花蓮等地的戰俘營，與台灣已略有淵源，而在去世後，他的名字又一度出現在台南的校園。不過，對府城當地人而言，反正就是以「美國學校」一詞統稱之。

在美軍開始撤離台南，一九七六年，美國學校也關閉了。校內的教室、操場、宿舍，之後幾乎拆除抹淨，現在只看得到重新規劃的步道、樹種，是新設立的「開元振興公園」。校園彷彿不曾存在過似的。

要在這裡找尋美國學校的舊遺跡，除了留心觀察，似乎別無他法。幾棵老樹在原地生存得很好，可能是往昔校園一景。在開元路邊，也還留著一段當初學校的圍牆與門柱，是我小時候常看到那道長長灰色水泥圍牆。現在的圍牆比以前短少許多，因爲大部分牆面被拆除了，現時只剩門柱。

在公園另一頭，也還留著一棟學校舊建築。它以水泥磚砌成，外觀簡樸，但與周邊建物相較的話，仍看得出是不同時期的建物。南、北兩面各有大門，南側大門前方，就緊鄰著以前學校操場的跑道。據說它原本是儲藏室，不過現在只是個雜物間。

在儲藏室邊，還有一片緊鄰民宅、水泥空心磚砌造而成的矮牆，上面還留著英文字母「WARRIORS」的漆痕，是「戰士」的意思。每個字母各佔一格牆面，以不同漆色分別塗寫。

雖然無法確認這是什麼時候寫上去的，但看似是公園設置前的舊物，因爲字母的底部，有一部份埋入新鋪設的步道下。美國學校曾以「WARRIORS」爲標語，搭配畫有印第安納原住民勇士的頭像徽記。這道英文字母塗漆，說不定也是學校的痕跡。

二〇一七年，因爲臨近的民宅拆除，這道牆的中段部分也跟著拆毀，因爲缺損一塊。它就如同那段美國時光，同樣在人們記憶中剝落了幾塊，掉進時間黑洞裡。

美國學校殘存的門柱（上），以及另一側圍牆上的英文標語（下），但現在已缺了一角。

百年千里的邂逅

台語有一首童謠，開頭唸著「ＡＢＣ，狗咬豬」。雖然不能確定它發源自何時何地，但ＡＢＣ是每個人學習英美語的起始點。那隱約透露了台灣人的英語學習經驗，而這經驗，可能源於美國協防台灣的時光。

戰後初期，已經疊加了傳統生活、近代建設、日本風貌的府城，因特殊的世界局勢，又繼續接受來自千里之外中國大江南北與美國軍隊的人群與文化。境外的新事物再度走進城裡，也成爲在地生活文化的一部份。包子豆漿手工麵，吐司漢堡棺材板，都有中國與美國在此交疊而留下的痕跡，且像那道銘刻在煎餅上的羅馬字，成爲熟悉又親切的一部份家鄉在地意象。

這樣的多元接觸現在仍存在，且是台南生活的一部份。像來自東南亞地區的移工與新住民人群，把自己原鄉的越南、馬來、印尼等拼音羅馬字，或者緬文、泰文、高棉文等外文跟著帶進這座古都。走進掛有這些文字招牌的店裡，若不是有趣的東南亞商品批發超市，就是酸辣的南洋風格料理。這是古都的小亞洲風味。

外國文字，即便徘徊於記憶與生活邊界之間，仍然編織著府城的異國與多元文化經驗。要說這座城市有什麼獨特的浪漫，也許就是這百年千里的各方邂逅吧。

番仔花

公園路郵局旁，原本有棟米黃色洗石子鋪面的老街屋。正面兩開間、上下兩層樓，其中一邊是排骨便當店，經營很久了，做的是一般便當，但排骨香氣依然盤旋至今，照顧著附近嗷嗷待哺的上課與上班族。

它的一樓外側，還留著以莨苕葉裝飾柱頭的柱子，二樓則有斑駁木窗，並且往外突出一座小陽台，比例都不大，但該有的構造都排上去了，顯得精巧。最上端佇立一道半圓形山牆，上頭有整片花草浮雕圖案，形狀看起來像顆愛心。那是整棟建築物最奪目的部分。

公園路上只剩下一半的老街屋。攝於二〇〇八年。

然而，某天出門，卻發現屋子已拆掉一半，只剩下排骨便當店那半邊。半圓形的山牆、像愛心的花草紋飾圖案，也剩下一半。邊緣處留下一道直挺挺、帶著鋸齒波狀的剪痕。當下怔怔盯了那半邊厝幾分鐘久，有點悵然若失，好似生活中熟悉的記憶場景也被剪掉一截。

拆掉的部分，後來蓋起五層樓房。而排骨便當店那邊也做了整修，僅剩的半邊山牆被移除了，米黃色洗石子鋪面改貼上紅色瓷磚。現在完全看不出以前的樣子，跟一般樓房沒什麼兩樣。

新時代的洋風面容

像排骨便當店這樣的老房子，是舊城區裡常見的舊式近代街屋。

一八九五年起，府城開始接觸新政府帶來的近代事物與制度，包含時間觀念、行政體系、法律、公共衛生與醫療、書籍刊物、娛樂，以及建築物等。這是日本在維新時期從歐洲學習來的新經驗，此時帶到新領地台灣，繼續廣泛運用。

在此之前，府城對異國事物其實並不陌生。城內鬧區就有座荷蘭人蓋的城堡，那些洋人舊足跡與古史事，曾陪伴市民度過百餘年歲月，早已是生活的一部分。十九世紀中期開港後，金髮外國人與時尚舶來品繼續現身在人們身邊，城內已經有專門販賣與修理鐘錶、眼鏡等近代商品的店家，城東的教會也在印製羅馬字報紙。風起雲湧的東亞與世界局勢，慢慢改變了府城人的生活。

台南地方法院拱頂上的番仔花裝飾。

改朝換代後，新政府實行都市計畫，府城原本紅瓦白牆的景觀，逐漸揉進了日本與歐洲的異國氣息。一九二〇年代，測候所、州廳、法院、郵電局、圖書館、圓環等新建造的官署與公共空間，帶給人們新的感覺，也給本地匠師在技術與經驗上有所激發。

大致在一九三〇年代開始，台灣匠師們就開始引用洋風的空間格局與裝飾元素來蓋房子。今天留存在舊城區裡的老房子，大多就在這時期，或者後面一點的戰後初期所興建。

這類房屋，外表常使用洗石子、磨石子，或者貼面磚，細節上則點綴了華麗繁複的花草紋路。這也許不太像科班專家設計的那樣擁有嚴謹格局、比例或線條；反而是活用新元素，讓傳統建築更新潮，像是在傳統料理加入新食材、新創意，開發不同菜色，令人眼界大開、耳目一新，滿足顧客的色香味需求。

此般建築有著洋風的面容，但並不是完全捨舊從新、改頭換面，而是努力嘗試不同造型與裝扮。裡頭沒有正規或標準，而是充滿折衷趣味，是庶民與時代互動的結果。這現象不是只府城才有，但府城也曾經這樣風靡過。曾經這樣梳妝打扮，曾經這樣跟著時代往前走。

這類老房子裡，常見一種繞捲著花草的裝飾圖案，俗稱「番仔花」（hoan-á-hoe）。

「番仔」是漢文化中心的他稱詞，帶著偏見與輕蔑，慣稱非我族類、來自異國他境的事物。台灣原住民被叫番仔，荷蘭人被叫紅毛番，赤崁樓也被叫番仔樓。取自海外歐洲的花草紋飾，也因爲這樣而被稱爲番仔花，意思是異國來的花紋。有一種植物也被稱番仔花，是相傳來自東南亞地區的緬梔，也就是雞蛋花。許多事物這樣「番」過來又「番」過去，正說明這座城市是一處多元文化、不同人群的聚散流動之地。

番仔花的紋飾，會在建築接縫處、房室角落間蔓延開來。有它們的補白，房子看來更豐富雅緻，就像人補了眼線唇蜜，或再添了飾品配件般。

在房子中央立面處，番仔花會更加華麗。那裡常以一種橢圓形、方形或其他對稱圖框作爲中心，邊緣描上渦捲線條，外側再纏繞整片花草。圓框裡有的留白，有的填入主人姓氏、店舖標記之類的代表文字，造型很像勳章，所以有人叫「勳章飾」。

那往往是整個建築物正立面最顯眼的地方，排骨便當店像愛心的圖案也是如此。

許多老房子不免俗地這般飾花掛草，甚至盡情怒放。在中正路，有一間古老的舊五福商店，就掩不住這花草的光芒。

五福商店開設於日治中期，老闆楊添賜專門代理日本、歐美各類商品的批發與零售，是早期城內知名百貨店之一。地上三層的建築是主要展售地，地下一樓是小物零售部。最頂端是華麗的女兒牆，有海波起伏般的造型線條，以及燦爛的花草綵帶。正中央布置了一個圓框，裡面原本有個「福」字，五福百貨的福，不知何時已經剝落不見了。

另一間令人印象深刻的老店屋，是公園路上的舊四海商店。

四海商店是日治時期葉四海經營的腳踏車店，批發腳踏車與相關產品，也創立自己的腳踏車品牌「向蜂正王號」，商標是兩隻上下對望的蜜蜂圖案。在那個以鐵馬為重要代步工具的年代，這間店大概就像是現在的旗艦級機車行吧。

四海商店的建築也是三層樓，正中央頂端留著一徽以番仔花拱護的向蜂標誌，更上方還有隻大蜜蜂，抵住山牆夾角，翅膀往兩側延展，在末端優雅地結成渦捲。二

五福（上）四海（下）兩間百貨店舊館，至今依然在看顧著這座城市。

樓中間窗戶也藏著一道番仔花動章飾，圓框中間雕上羅馬字「YO」，是「葉」的日文發音，一個屬於舊店主的小線索。

四海商店、五福商店很早就已經歇業了，商店建築目前現在都由他人承租，至少還完整留存，保留著老商家的華麗面貌。但不只三層樓、三開間的大店家，即便是小店屋，也有華麗趣味的裝飾。

民族路與海安路交會口不遠處，有棟洋樓，是名門翁家的宅邸，三層樓的建築十足氣派雄偉。但我對它隔壁棟的小街屋也頗有興趣，因爲有隻老鷹塑像，立於正面頂端那象徵著維納斯美學的貝殼造型牆上，展翅欲飛。在舊城區內，那是難得一見、相當生動細緻的屋上雕塑。

距離那棟老鷹之屋不遠，更靠近海安路的地方，也有一棟以番仔花裝飾的老街屋，現在是服飾店。屋上的動章圓框中間，還黏了尊白玉彌勒佛小像。

從正入口往上望，那開口微笑的小佛，八風不動端坐於繁複歐式紋飾的正中央，有種衝突反差的奇異協調感。這當然不是原本就有的，應該是之後才黏上去的，還不知道屋主作這安排是何種用意。大概就是悠然一笑看盡世間、是屋主某種神祕的幽默感吧。

那些動章飾與番仔花，曾經綻放在這座城市許多房屋上。城市如它們的園圃，水與養分則來自那段時代接縫間的生活文化與創意想像。它們是不枯萎的花朵，即使悠久，還是能跟新建物、新街景相爭豔。

花落

然而這樣的花，卻也有謝落之時。

府城老街屋通常是連棟的兩或三開間，彼此共享同一面牆壁、同一款立面。日後，若其中一間要改建，就會一邊拆除、另一邊還留著原樣，變成半邊厝的樣子。公園路的排骨便當店就是這個情況下，成了半邊厝，開了半邊花。城區內不少老房子也是如此，它們就捧護著那僅有的半邊花，尷尬而侷促地藏身在現代樓房之間。

有更多老房子則是抵不過拆舊樓、蓋新房的速度，消失無蹤。番仔花一朵朵萎落於拆除工程所揚起的塵埃裡。

熱絡的水仙宮市場旁，有棟老街屋。正中央凸起小圓牆，牆上有個圓圈，旁邊環繞著結穗的稻禾，底下再打了個蝴蝶結收尾。稻禾上面的稻穀粒粒分明，作工十分細膩。圓圈裡頭是空白的，其實原本有「友信」兩個字，後來抹除了。

這裡原本是府城最早成立的信用組合，是一九一三年台南城內日本商人共同成立的「台南友信會」，主要是爲日本在台小型農工商產業提供融資服務。

友信會日後有所更迭。因爲業務量擴增，一九三三年先遷到大宮町（現在的永福路）新廈；戰後韓石泉主持接收事宜，改組爲第二信用合作社；到了一九九八

友信會舊館牆上有精緻的結粒稻禾圈，，攝於二〇一五年。這座建築現已拆除不存。

年，才被中興商業銀行（之後改爲聯邦銀行）併購。不管是友信會或二信，現在都不存在了，但永福路上的二信舊館，以及水仙宮旁更早的友信會第一代舊館，還一直矗立著。

友信會舊館，代表了府城接觸近代金融組織運作的初始經驗之一。它雖然帶著近代洋風面容，但屋舍內部的格局，仍保留著在府城港濱街區中常見的二層樓長型傳統街屋。這棟老房子似乎還有很多故事，等著跟路上往來人們娓娓道吟。

可惜的是，它已經在二〇一六年拆除殆盡。稻穗不再結粒，花蔓斷於灰土，市場邊人潮依舊，但老房子的身影無緣再見。

孤牆殘影半邊花

拆到只剩半邊的老房子，是舊城區裡常見的景象，較知名的是中正路上的文資中心。主掌文化資產保存業務的單位，卻將原本屬於台南州廳後方一棟紅磚舊廳舍拆除了，只留下東邊一面孤牆，作爲中心的大門入口立面。

除了半邊厝，更多的是全部拆除殆盡。古街巷裡，有時會突然見到一大片空地，

位於台南州廳後方的磚造舊廳舍，因為要蓋文資中心，被拆到只剩一面孤牆。

那裡不知曾經座落什麼房子，總之就像掉了塊角、缺了塊牙，除了空白，什麼也沒留下。但有時，則會見到已消失的房子，在隔壁牆上留著一圈故有輪廓。那些痕跡烙印在街景上，主體離去了，殘影卻留著，既執拗，又孤單。

府城長期面臨保存與開發的拉鋸衝突。大家一方面難以眞正認識眼前那些荒廢破舊的老房子有什麼優點，也不知道該怎麼繼續維護它們，甚至因擁有它們而感到困擾；另一方面，也認爲除舊布新、建設開發，才是換取利益、帶動城市發展與更新的好辦法。

這似乎是世上許多古都難以避免的宿命。孤牆、殘影、半邊花，成爲城裡四處常見的畫面。它們表現轉變的痕跡，同時也述說著古老城市的矛盾與迷惘。

藍曬圖

藍曬圖（blueprint）是一種複印的圖紙。它大多畫有圖像，尤其在工程用的設計與規劃圖稿特別常見。現代華文裡也有「藍圖」這個詞，用以指稱一種想法或者願景。

在還沒有影印機的時代，爲了快速並精準複製一張圖，總不能每張都花時間以手工重描，於是人們想出一個辦法。先在透明的原稿上面畫好圖，再拿另一張塗過感光劑的白紙，疊在原稿下面，一起拿去曬太陽——但之後有了專門曬圖的設備，曬太陽的方式就漸漸不用了。

在紫外線照射下，光線會穿過原稿透明的地方，映在底下的白紙，使白紙浮出深藍的顏色；而有描線的地方則會被擋住而不感光，所以仍留住原色。最後，白紙上會呈現出藍底白線、與原稿一模一樣的圖案，圖紙的複製就完成了。

這樣的藍曬輪廓，曾經映照到府城市區上。

海安路有過一幅稱作「藍曬圖」的牆面。打從二〇〇四年布置完成之後，一度成爲台南市區相當知名的觀光景點。來台南玩的人，總會拿著相機造訪，各憑本事擺姿勢，在藍色牆壁前面，拍下幾張異國風格與超現實空間感的照片。

台南人都知道，那裡原本沒這麼熱門，在以前海安路封路的時候，不過就是一面破牆罷了。但要說那裡更早以前是什麼地方，好像大部份人又說不太上來。

孤牆

這道安靜靠在海安路邊，彷若一道令人恍若隔世的孤牆，原本是

海安路上的第一代藍曬圖，原本是打棕街的老屋。

忠明街十二號房屋的東牆。牆邊，也就是現在人行步道的位置，原本是房屋室內空間的一部份。

每次站在這裡，我總喜歡想像：如果房屋還在、而我依著屋子原來的樣貌進門拜訪時，那麼眼前可能會是什麼樣的光景。

像是房屋的正門口，就在忠明街那一側。所以若從那裡踏進大門，就會先進到前廳。在這裡，可以看見牆邊有階梯通往二樓——現在的二樓，還殘存了一些樓板、窗戶與陽台的結構痕跡。

接著，往後面走，通過一道小門，就會來到後廳了。這裡有一大片三角形大牆，上面有幾根貫穿壁面的圓木桁樑，是原來一、二樓間隔的遺跡。

而想上廁所的話，就再循著後面的小門，進入盥洗室的小別間。這堵牆，基本上就到這裡爲止。

像這般房屋，是在城西市街常見的傳統民居。雖然面寬不太大，但是縱深很長，而且有兩層樓。這是港邊的稠密市街，爲了兼顧住家、倉儲功能所發展出來的格局，小而窄，卻美。

這座屋子的前後，分別面對街巷與水道。門口前方的忠明街，以前叫做「打棕街」，曾聚集了製作船舶所需棕繩的店家。屋子的後面，則是接臨著南河港，它從府城城內一路流過西羅殿、接官亭、海安宮，往西直通到台江內海。

南河港是府城重要貨運港道之一，並且由兩個人群掌控。大概以藍曬圖這座房屋附近作為分界，靠近城內的那一邊，是由南沙宮的盧姓所控制；靠近海的那一邊，則是由西羅殿的郭姓所控制。沿著南河港下游的打棕街，也在西羅殿郭氏的控制範圍內，因此那個藍曬圖房屋附近，曾經住了許多郭姓人家。

日後，海安路的拓寬工程，不僅把打棕街的紋理硬生生切斷，也使街上許多傳統街屋消失殆盡。像是藍曬圖這棟房屋，最後也只留下一面孤牆而已。

無底洞

現在的海安路，並不是府城原有的舊路，而是在日治時期的市區改正計畫當中，新開闢的一條北起成功路、南到保安街之貫穿道路。

因爲它經過了熱鬧的城西市街與運河邊，海安路也將晚清以來這股鼎盛風華，延續到戰後的台南市區。小時候，我記得常隨老媽買菜而經過海安路，殘留在腦中的景象，雖然已經不是那麼清楚，但還是記得那是掛滿舊式招牌、人聲鼎沸的熱絡市集。

這樣的畫面，在一九九〇年代劃下了句點。

當時，市政府要拓寬海安路。爲了繁榮舊市區，順便要在路面底下再蓋一條地下商場，說是能夠引來人潮，振興中正路商圈，給市民編織了一張繁華榮景的美夢。即使部分市民對這項計畫還是抱持不確定的疑慮，工程依然在一九九三年夏天正式啓動了。

這項大工程，首先衝擊到中正路商圈。工地圍籬把中正路從中間隔斷了，人潮逐漸消寂。由於預定的工期是兩年半，當時一部份人們相信，這應該只是一時的不方便而已，等到工程結束，一定會恢復的。

然而，隨著工安意外、廠商倒閉、連續壁滲水、附近民宅地基下陷、施工品質發現瑕疵、爆發弊案等狀況接踵而至，工期不僅延宕，甚至還停擺了。原本要帶動發展的海安路，成爲奪走中正路呼吸心跳的勒頸繩，甚至是一場想結束也無法結束的夢魘。

這個時候，人們開始關心海安路地下街出了什麼問題。就像是百年前人們用龍脈消失的故事，來講述台江淤積而沒落的窘境一樣，部分人開始在想，是不是因爲海安路地下街截斷了五條港水脈，使得城西龍脈被切斷，才會導致完工遙遙無期、中正路一蹶不振？

不管是否如此，大家好像又再度不知該如何面對這場巨變。

牆的記性

直到二〇〇三年，已被市民視爲城市毒瘤的海安路，終於拆除圍籬，暫時開放地面通車。

封印了十年，重新展現在市民眼前的海安路，已不是過往記憶中八米寬、富有人情味的熱絡街區，而是一條嶄新寬闊、但路邊滿是斷垣殘壁的四十米大道。眞是既熟悉、又很陌生。

同一時間，市政府也在思考，該如何與路旁地主溝通，一起進行門面美化，以降低這些斷垣殘壁對海安路景觀的衝擊。出身府城的藝術工作者杜昭賢，提出了藝術家進駐再造的想法，不僅獲得市府支持，也說服部分居民出借牆面。這項海安路藝術造街活動，成爲日後「海安街道美術館」的起點。

走上街頭的創作者們，有些是搬入新素材，就地組裝作品。像是「神龍回來了」，是呂理煌帶領台南藝術學院（現在的台南藝術大學）建築藝術研究所學生完成的作品。那是一座以木條搭蓋在馬路中央的長形觀景台，寓意是希望透過遊走的神龍，重新帶領人們觀看與遊覽海安路。某種部分上，似乎也回應了「龍脈斷裂」的傳說敘事吧。

此外，大部分創作者是利用路邊現存的殘破牆面進行再造。其中一位，是打開聯合工作室的劉國滄。

劉國滄團隊挑選了忠明街十二號這堵牆，把它全部塗藍、再用白線描邊，裝飾成藍曬圖的模樣。這種呈現手法，一方面是要勾勒這座牆／屋子裡原本的過往生活，另一方面也透過「藍圖」的概念，思考這座城市的未來。

「藍曬圖」是這座堵壁後面夜間酒吧的名字，雖然大部分人也這樣稱這堵牆，但它的正式名稱，其實是「牆的記性」（The Memory of Wall）。

「牆的記性」可能因爲色調與造型最爲顯眼，因此在整個海安街道美術館裡，成爲了曝光度最高的作品。它所代表的，是在官方決策所造成的傷痕與荒蕪當中，城市如何想辦法再站起來的契機。

另一張藍曬圖

二〇一四年初，因爲安全與諸多考量，藍曬圖的地主決定收回這堵牆的使用權。之後，藍牆彷彿塗上修正液一般，全部被刷白以後，交還給地主。

這個時間點，距離當年藍曬圖完工，剛好十年。如今，海安路聚集了飲食與咖啡館，夜裡依舊燈火通明。也就是說，海安路花了跟封路施工差不多一樣的時間，從什麼都沒有的新大道，慢慢讓人們願意重新回到這這個地方。

這一蹉跎，已是二十年時間。而如杜昭賢所言，第一代的藍曬圖，完成了階段性任務——然而，藍曬圖的消失，也讓大家唏噓不已。

爲了讓藍曬圖繼續留在台南，市政府再度與劉國滄合作，將藍曬圖重現在西門路

第一代藍曬圖，走完十年短暫歲月，最後刷成一道白牆。

上的台南第一司法新村，也就是第二代的藍曬圖。

第一司法新村，有一部分是日治晚期台南刑務所的官舍。一九六二年，台南監獄再撥派受刑人，在這裡增建了幾棟兩層樓的水泥樓房，提供高等法院分院、檢察署等單位作爲職員宿舍。

這片宿舍區原本閒置已久，宛若廢墟，甚至有些日治時期木造建築已經頹圮。二〇一三年，市政府開始進行整修，規劃爲文創園區。

爲了打造園區的門面，市政府延請劉國滄將西門路邊的木造宿舍重新漆藍、描白爲藍曬圖。與第一代藍曬圖只有一堵孤牆不同，這次採用的是整座屋子，號稱「3D升級版」。園區的名字，沒有採用原本的司法新村，而是命名爲「藍曬圖文創園區」。

第一代的藍曬圖，是要爲海安路拾起殘破的記憶。但第二代藍曬圖，似乎只是文創園區招攬遊客用的門面。這又是另一張會令人忘記原地歷史的圖。

二〇〇四年的海安路環境改造年，想將封印已久、逐漸陌生的海安路，重新拉回人們生活之中。

古都的方向

藏在藍曬圖背後那段海安路的起落與重生，代表了府城面容的改變，以及人們對市區發展及城市定位的想像。

一九九〇年代，統治當局宣布解嚴不久，也正是民間社會各種力量正在蓬勃興起之時。在地的赤崁文史工作室等團體，接續帶起一連串城市歷史保存運動，市民也嘗試重新認識這座城市。像是一九九五年安平延平街的拓寬事件，也引起全國的關注與討論。在這當中，府城慢慢在摸索作爲「古都」的城市定位與意義。

就這樣跨到了二十一世紀，儘管台南人對「古都」稱號朗朗上口，但保存與開發之間的衝突仍然存在，舊城的古建築，也依然接續消逝。

二〇〇八年起，爲了保存古都面容，民間興起一股「老屋經濟」的潮流。它幫助府城留下許多老建築，但有部分人們也開始反思，這種包裝精美的懷古，是否越來越背離府城原本的面貌，只流於虛幻而泡沫式的古意。除此之外，老房子或歷史資產的去留、高樓大廈與天際線、房地價數字、文化政策、鐵路地下化、輕軌捷運，新一代府城人關心的問題越來越多樣。

府城擁有其他城市所沒有的東西。就算是如此，這座城市又該怎麼向前走呢？這座城市需要的是什麼、又要追求什麼呢？這些問題，府城人直到現在也還在想。甚至，這些問題的存在，大概就是現代府城人生活的一部分吧。

行走的台南史

府城的過往與記憶

作　　者／蘇峯楠
發 行 人／魏淑貞
出 版 者／玉山社出版事業股份有限公司
地　　址／台北市 106 仁愛路四段 145 號 3 樓之 2
電　　話／(02)2775-3736
傳　　真／(02)2775-3776
電子信箱／tipi395@ms19.hinet.net
網　　址／http://www.tipi.com.tw
劃撥帳號／18599799 玉山社出版事業股份有限公司

副總編輯／蔡明雲
編　　輯／邱芊樺
封面設計／賴佳韋工作室
行銷企劃／吳怡萱
業務行政／林欣怡
法律顧問／魏千峰律師
初版一刷／2020 年 2 月　　初版二刷／2021 年 9 月
定　　價／新台幣 480 元

國家圖書館出版品（CIP）預行編目資料

行走的台南史 : 府城的過往與記憶 / 蘇峯楠著 . 攝影 . -- 初版 . -- 臺北市 : 玉山社 , 2020.02
面 ; 公分　ISBN 978-986-294-254-3(平裝)1. 歷史 2. 臺南市
733.9/127.2　　109000809